# 일단, 성교육을 합니다

# 일단, 성교육을 합니다

소년부터 성년까지 남자가 꼭 알아야 할 성 A to Z

**인티 차베즈 페레즈** 지음

**이세진** 옮김 | **노하연** 감수

묘문예출판사

**일러두기**

· 이 책은 Jean-Baptiste Coursaud가 번역한 프랑스어판(*RESPECT*, 2019)을 한글로 옮긴 것이다.

· 각주 중 옮긴이 주는 '── 옮긴이 주'로 표시하였고, 별도의 표기가 없는 주는 모두 감수자 주이다.

· '도움이 되는 기관 및 연락처'는 한국 실정에 맞게 수록하였다.

· 본문 중 '자위 에티켓(47p)', '평등한 관계란?(120p)'은 감수자가 추가한 내용이다.

# 감사의 말

원고를 읽고 조언해준 산드라 달렌, 미나 게레달, 요한나 헤드룬트, 힐다 야쿱슨, 바리스 카얀, 모아 케스키칸가스, 루이스 리네오에게 고마움을 전합니다.

가명으로 이 책에 자기 경험을 인용하도록 허락해준 모든 분께 감사드립니다.

RFSU*, RFSL** 및 청소년 RFSL에 감사드립니다.

---

\* Swedish Association for Sexuality Education(스웨덴 성교육협회) — 옮긴이 주.

\*\* Swedish Federation for Lesbian, Gay, Bisexual and Transgender Rights(스웨덴 레즈비언, 게이, 바이섹슈얼, 트랜스젠더 권리연방) — 옮긴이 주.

## 감수의 글

매일 저녁 뉴스를 보면 디지털 성폭력, 데이트 폭력, 성폭력 등 다양한 젠더 기반 폭력 소식이 끊이질 않습니다. 최근 우리의 일상을 뒤흔든 '텔레그램 N번방' 사건도 그중 하나였어요. 이러한 문제들을 해결하기 위해서는 법과 제도, 사회 전반이 변화되어야 해요. 하지만 과거부터 오랜 기간 동안 기울어진 성문화를 양분 삼아 자라났기에 하루아침에 바꾸기란 쉽지 않지요. 우리에게는 자신과 사회를 변화시킬 성교육이 필요합니다.

이 책은 생물학적 지식뿐 아니라 '관계'에 대한 이야기를 담은 성교육 책이에요. 남자와 여자의 몸, 사랑, 연애, 섹스, 이별, 피임 등 모든 파트에서 함께 살아가고 서로를 위하는 방법에 대해 말하죠. 첫 성 경험을 앞두고 있거나 이미 활발한 성생활을 하고 있는 십 대와 이십 대 남성에게 특히 도움이 될 거예요.

이 책의 주된 내용을 조금 언급해볼게요. 이 책의 저자 인티 차베즈 페레즈는 서로 합의하고 존중하는 관계일 때 만족스러운 섹스가 가능하다고 말해요. 저 또한 적극적으로 동의합니다. 섹스를 할 때는 누구도 불안하거나 불편하지 않아야 해요. 서로에 대한 신뢰, 안정감을 얻기 위해서는 자신과 상대방에 대한 이해가 필수이고요. 무엇보다 존중하는 자세를 갖추는 것이 중요하지요. 책을 감수하면서 그의 솔직하고 직설적인 표현이 마음에 들었습니다. 어떤 파트에서는 너무 공감되어 박장대소를 했어요. 아마 섹스하기 전, 하면서, 하고 나서 일어날 수 있는 일들을 있는 그대로 이야기하는 부분은 여러분에게 실질적인 도움이 될 거예요. 지식적인 내용을 넘어서 누구나 한 번쯤 경험할 법한 이야기니까요.

이 책은 전반에 걸쳐 '동의'를 강조합니다. 비단 성폭력뿐 아니라 임신이나 성전파질환(STI)에 있어서도 동의가 핵심이지요. 동의는 서로를 존중하는 관계와 소통에서 시작됩니다. 사실 이 두 가지 전제가 이루어지지 않는다면 아직 섹스를 할 준비가 되지 않은 거지요.

여러분은 동의를 어떻게 구하나요? 키스할 때, 섹스할 때, 체위를 바꿀 때, 새로운 시도를 할 때……, 어느 순간에도 빠지지 않고 필요한 것이 동의입니다. 그러나 지금까지 우리는 동의를 구하는 방법이나, 상대방의 의사를 확인하는 방법에 대해 배워본 적이 없습니다. "좋아! Yes!"라는 대답을 제외하고는 상대방의 동의 여부를 완벽하게 알아차리기란 쉽지 않아요.

본문에서는 동의와 거절을 확인할 수 있는 다양한 방법을 다룹니다. 우리가 쉽게 지나치거나 놓칠 수 있는 상황들을 알려주지요. 실제로 적용해볼 수 있는 내용이 많다는 것이 이 책의 가장 큰 장점이에요. 본문을 읽어가다 보면 상대방과 편안하고 수평적으로 대화하는 것이 우선임을 알게 될 거예요.

진정한 동의와 존중이 있는 관계에서는 본문의 내용이 실현 가능합니다. 감수를 하면서 '9. 섹스 그 이상' 파트에 대해 고민이 많았어요. 성적인 사진을 보내거나 영상을 촬영하는 것⋯⋯. 디지털 성폭력이 매년 증가하고 있는 한국 상황에 과연 9장의 내용이 괜찮을지 말이지요. 본문 내용 자체는 문제가 아니기에 우리의 인식과 관점을 바꾼다면 충분히 괜찮다고 생각합니다.

파트너와 성적 긴장감을 갖기 위해 실천해볼 수 있는 방법은 정말 다양합니다. 그 행위는 개인의 선택이지요. 때로는 새로운 쾌감을 줄 수 있는 좋은 방법이에요. 이 행동 자체를 비난할 수는 없어요. 마찬가지로 동의하에 촬영한 영상이나, 사진이 (동의 없이) 유포되었다 해서 촬영한 행위가 잘못된 것은 아니에요. 상대방의 신뢰를 깨트리고 유포를 한 행위가 잘못이지 촬영에 동의한 게 잘못은 아닙니다. 동의는 현재적이어야 하니까요.

이 책은 스웨덴을 비롯하여 프랑스, 핀란드, 영국, 미국 등의 나라에 출간되었습니다. 우리 책은 프랑스어판을 번역 대본으로 삼았어요. 프랑스어판에서는 스웨덴 통계를 그대로 번역해서 옮긴 부분이 있고, 프랑스 통계로 대체한 부분도 있지요. 아마 우리나라와 다소 다른 부분이 있을 겁니다. 통계를 비롯한 객관적 지표의 차이는 감수자 주로 추가하였으니, 한국의 상황과 비교하며 읽는 것도 흥미로울 겁니다. 혹 내용이 너무 개방적이어서 청소년이 읽기에 부적합하다고 생각하는 분들도 있을 거예요. 하지만 여러 지역을 돌아다니며 청소년을 만나본 강사로서 "청소년에게 매우 필요하다"고 말하고 싶어요. 이 책을 통해 더 많은 사람이 평등하고 안전하게 성을 누렸으면 합니다.

노하연

# 차례

# 서문

# 가장 중요한 건……

저는 학교에서 성교육 수업을 할 때가 많은데요. 남학생들은 제게 늘 똑같은 질문을 합니다. "두 사람 모두 섹스를 좀 더 멋지게 즐기는 방법이 뭐가 있을까요?" 저는 서로를 존중하는 마음이 섹스와 사랑을 풀어나가는 핵심이라고 말해줍니다. 쾌감은 서로 합의하고 존중하는 관계 안에서 더 커지기 때문입니다.

여러분은 이 책을 읽으면서 실제로 그러한 관계가 어떻게 가능한지 알게 될 겁니다.

이 책은 남자 청소년을 핵심 독자층으로 잡았습니다. 청소년기는 인생에서 수많은 변화가 일어나는 단계입니다. 단지 그 이유만으로도—여러분이 이미 누군가의 입술에 키스를 했든 그렇지 않든, 이미 성 경험이 있든 그렇지 않든 간에—이 책이 제시하는 정보는 여러분에게 요긴할 겁니다. 행여 이 책의 어떤 대목이 여러분이 보기에 너무 나갔다 싶으면 그냥 책을 덮고 몇 달 후, 아니면 몇 년 후 정말로 필요할 때 다시 펴보세요.

여러분의 사랑과 성생활에 좋은 일이 가득하기를 바랍니다.

인티

# 들어가기에 앞서

우리가 일상적으로 사용하는 용어와 명칭 들에 대해 생각해본 적 있나요? 언어는 우리 사고와 행동에 많은 영향을 미칩니다. 따라서 이 책에서는 성차별 언어를 성평등 언어로 바꾸어 이야기하려고 노력했습니다.

## 생리 ⇨ **월경**

월경이라는 말이 낯선가요? 그럼 생리라는 말은요? 생리의 본래 이름이 월경입니다. 과거에 여성의 성을 억압하면서, 하다 하다 누구나 경험할 수 있는 월경까지 부끄러운 일로 만들었지요. 월경이라는 말을 하는 건 여성스럽지 못하고, 월경은 깨끗하지 못하다고 생각했어요. 그래서 생리 현상의 '생리'를 따와서 월경이란 말을 대신하게 했지요.

아직까지도 월경을 터부시하는 문화가 남아 있어요. 월경을 생리라고 부르는 것도 모자라 '그날', '걸스데이', '매직(마법)'이라 표현합니다. 어떤 국회의원은 "청소년이 되었든 여성이 되었든 조금 듣기 거북하다"며 "위생대, 그러면 대충 다 알아들을 것이다"라는 말도 했습니다. 나와 함께 살아가는 사람이 경험하는 일이 거북한가요? 그렇다면 여러분이 여성의 몸을 '이상적인(사실은 미디어가 만든 성 상품

14

화 이미지)' 존재로만 보고 있는 건 아닌지 고민해보아야 합니다.

## 자궁 ⇨ 포궁

포궁(胞宮)은 자궁(子宮)을 성 중립 단어로 바꿔 말한 것입니다. 조금 낯설지요? 자궁은 "아기가 사는 집"이라는 의미를 갖고 있습니다. 그러나 여성의 생애에서 임신을 하는 기간보다 하지 않고 살아가는 기간이 훨씬 길지요. 자궁으로 부르는 건 여성의 성을 '생식'에만 초점을 맞추는 것과 같아요. 그래서 '아들 자(子)'가 아니라 '세포 포(胞)'를 사용하여 포궁이라 부르기 시작한 거지요.

## 처녀막 ⇨ 질주름(혹은 질근육)

처녀막이라는 단어는 여성의 성관계 여부를 판단하겠다는 맥락에서 나왔어요. 그 안에서 성관계를 한 여성은 폄하당하고 가치 절하를 경험하게 되지요. 이러한 맥락은 여성의 성을 억압하겠다는 남성 중심적 사고방식을 담은 것입니다. 그리고 사실 여성의 질 입구에 막은 존재하지 않습니다. 처녀막은 사실 질근육이 만든 주름과 같은 것이지요.

**리벤지 포르노 ⇨ 디지털 성범죄**

아마 인터넷을 통해 '리벤지 포르노'라는 말을 한 번쯤 접해봤을 거예요. 헤어진 연인에게 복수하기 위한 목적으로 성관계 사진이나 영상을 유포시키는 걸 의미하는데요. 잘못된 말입니다. 이것은 디지털 성범죄이지 포르노(성적표현물)로 간주해서는 안 됩니다.

# 허리 아래

"제 것은 정상일까요?"

성교육 시간에 남자아이들이 가장 자주 하는 질문입니다. 아이들은 옷을 갈아입을 때 자기 것을 내려다보고 다른 친구 것과 비교하면서 내심 '내 것은 좀 다르게 생긴 것 같은데'라고 걱정을 하지요. 맞아요! 남성의 성기는 각기 다 다르게 생겼기 때문에 이 사람의 성기가 저 사람의 성기와 완벽하게 똑같을 수는 없답니다.

대부분의 경우, 의료 관계자라면 "네 성기는 아주 좋아. 전혀 문제없어"라고 안심되는 말을 해줄 거예요. 그래도 영 마음이 놓이지 않는다면 병원에서 검사를 받을 수 있어요. 하지만 그 전에, 남성의 성기가 정확히 어떻게 생겼는지 함께 살펴볼까요.

**자기 것을 꼼꼼하게 관찰해봅시다**

바지를 내려보세요. 성기의 다양한 부분을 하나하나 살펴볼 겁니다. 음경(페니스)에서부터 시작합시다. 맨 끝부분부터. 포경 수술을 받지 않았다면 귀두가 포피에 싸여 있을 거예요. 이 접혀 있는 피부의 양은 사람마다 다르죠. 귀두가 완전히 덮여 있어서 코끼리 코와 비슷해 보일 수도 있고, 귀두가 살짝 드러나 보일 수도 있어요. 포피의 길이는 딱히 중요하지 않습니다.

어떤 사람은 포피륜(귀두를 둘러싼 포피의 둘레)이 너무 좁아서 귀두가 밖으로 나오지 못하거나 귀두가 나올 때마다 통증을 느낍니다. 이 경우에는 의사를 찾아가 포경 수술 여부를 상의하는 것이 바람직합니다. 하지만 성장이 끝나면 포피륜의 모양도 달라질 수 있으니 섣불리 걱정하지는 마세요.

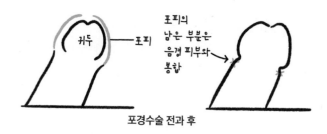

포경수술 전과 후

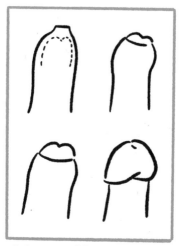

음경의 모양은 귀두를 덮고 있는 포피 양과
길이에 따라 다양하다

자, 이제 뭔가 성적으로 흥분되는 생각을 해보세요. 그러면 혈액이 음경으로 흘러들어 가고 음경의 길이와 굵기가 늘어날 겁니다. 음경이 꼿꼿하게 일어서고, 단단해지고, 뜨거워지고, 아마 평소보다 약간 붉은색을 띨 겁니다. 이것을 '발기'라고 해요. 흔히 '섰다'라고 하는 상태죠.

이 상태에서 음경을 눌러보면 뿌리 쪽, 그러니까 치골에 가까워질수록 더 단단한 느낌이 들 거예요. 반대로 귀두가 있는 끄트머리는 훨씬 부드럽고요. 당연한 거예요. 요도(오줌길)가 음경 전체를 관통하고 있기 때문에 요관구(尿管口)가 닫히지 않으려면 끝부분은 말랑말랑해야만 해요. 그리고 잘 관찰해보면 발기가 회음부(음낭과 항문 사이)까지 이어진다는 것도 알 수 있어요.

발기한 음경이 오른쪽이나 왼쪽으로 좀 기울어져 있다고요? 이것도 전혀 이상한 게 아니에요. 완벽하게 수직으로 서는 음경은 없어요. 발기하지 않은 상태에서도 음경은 어느 한쪽으로 기울게 마련이에요. 그래서 예전에는 남성용 바지를 맞춰 입을 때 양복점 재단사가 "오른쪽으로 두세요, 왼쪽으로 두세요?"라고 물어봤답니다. 음경이 평소 어느 방향으로 기울어지는지 확인해서 거기에 맞게끔 바지를 재단했던 거예요.

귀두 위, 그리고 요도 주위와 포피륜 가장자리에 하얀 점이랄까, 좁쌀 같은 것이 보일지도 몰라요. 남자의 절반 정도에게서 이런 현상이 나타나지요. 특히 사춘기부터 보이기 시작하는 이 희고 오돌토돌한 것을 '진주양구진'이라고 불러요. 진주양구진을 처음 발견하면 이것도 여드름 같은 건가, 전염되는 성병 같은 것은 아닐까, 겁이 더럭 나지요. 하지만 진주양구진은 전혀 해롭지 않아요. 또 비누로 잘 씻거나 약을 먹어서 없앨 수 있는 게 아니에요.

## 피부 재질이 달라요

햄버거와 감자튀김을 매일 먹는 사람은 몸에 지방이 쌓여서 허벅지나 그 밖의 신체 부위가 살이 찌겠지요? 하지만 살이 쪄도 성기가 커지지는 않아요. 왜냐고요? 음경의 피부에는 지방이 없기 때문이에요.

지방이 없으니까 그 피부 아래 뭐가 있는지 육안으로 관찰하기도 쉽죠. 일단 혈관이 보일 거예요. 작은 돌기 같은 것도 보일 거고요. 그 돌기는 모낭일 수도 있고 피지를 분비하여 윤활 효과를 내는 피지선일 수도 있어요. 그리고 음경은 신체 다른 부분보다 색소 침착이 두드러지는 부분이기 때문에 몸 전체 피부색보다 가무잡잡하거나 불그스름해 보여요.

포피 소대(포피와 귀두를 이어주는 인대)부터 음경을 따라 살이 긴 줄을 이루고 있고, 이 줄이 두 개의 고환 사이와 회음부를 지나가 항문에서 끝나는 것도 관찰할 수 있을 텐데요. 이 선은 배아 상태에서 만들어지고, 개인에 따라서 그리고 같은 사람이라도 연령에 따라서 더 선명하게 보이기도 하고 잘 보이지 않기도 합니다.

포피 소대가 너무 짧으면 끊어져서 피가 날 수 있습니다. 당장은 굉장히 아프겠지만 크게 위험한 일은 아니니, 마음 편하게 의사에게 진료받으세요.

## 음낭은 움직이는 거야

똑바로 서서 살펴보면 고환 중 하나는 다른 것보다 작고 아래쪽에 위치한다는 것을 확인할 수 있지요. 두 개의 위치가 서로 다르기 때문에 여러분이 이동할 때 고환들끼리 부딪히지 않는 거예요. 두 마리 황소가 양쪽에서 달려와 서로 충돌한다고 상상해보세요. 그러면 고환들끼리 자꾸 부딪힐 때 얼마나 아플지 조금은 상상이 가겠지요?

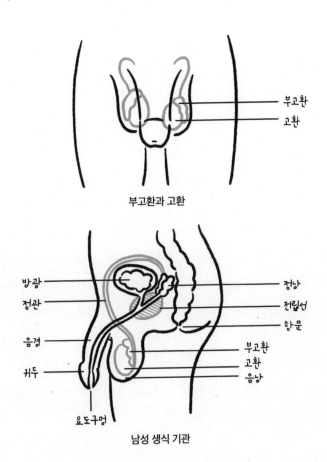

부고환과 고환

남성 생식 기관

음낭, 일명 불알주머니는 고환이 항상 적당한 온도에서 정자를 잘 생산할 수 있도록 보호해줘요. 여러분이 옷을 따뜻하게 껴입으면 고환이 축 처져요. 반면, 찬바람을 쐬면 고환은 수축하지요.

고환은 배아 단계에서 배(abdomen) 안쪽에서 각기 주머니에 싸인 채 만들어집니다. 그런데 가끔은 성장 과정에서 두 고환 중 하나가 서혜부로 올라가기도 해요. 이 경우, 통증이 있지만 결국은 다시 내려올 거예요.

고환을 손으로 더듬어보면 스파게티처럼 길쭉한 관 같은 것이 만져질 거예요. 이것을 부고환이라고 합니다. 바로 이곳에서 정자가 만들어져 몸 밖으로 배출될 때를 기다리지요.


## 체액들의 혼합물

자위행위를 하면 어느 시점에서 투명하고 끈적끈적한 분비액이 나옵니다. 정액일 수도 있고 사정전 요도액일 수도 있어요. 이 분비액은 요도를 씻어주는 역할을 하는데 그 양은 사람에 따라서, 또 상황에 따라서 달라요. 사정이 일어나기 훨씬 전에, 때로는 음경이 발기할 때부터 분비되기도 해요.

자위행위를 계속하면 쾌감이 점점 커집니다. 그러다 어느 순간 더는 못 참겠다는 느낌이 들면서 정액을 배출하고 오르가슴에 도달하지요. 다시 말해, 남자는 대부분 사정에서 오르가슴을 느낍니다. 그렇지만 이게 무슨 규칙은 아니에요! 사정은 근육이 이완되면서 정액이 단속적으로 분출하는 현상입니다. 한 번에 분출되는 정액은 티스푼으로 두 스푼 정도의 양이지만 이 양도 개인차가 큽니다. 그리고 정액의 양은 사정 빈도에 따라서 늘어나거나 줄어듭니다. 바꾸어 말하자면, 사정을 오랜만에 할수록 분출되는 정액의 양이 많아진다는 뜻이지요.

정액은 여러 신체기관에서 만들어진 여러 체액의 혼합물이에요. 정자가 정액에서 차지하는 비율은 단 1퍼센트뿐이지요.

---

난자에 맨 처음 도착한 정자가 꼭 수정에 성공하란 법은 없어요. 수정은 대체로 다음과 같은 방식으로 이루어집니다. 정자들이 난자를 둘러쌉니다. 정자가 분비하는 물질이 난자를 둘러싼 막을 뚫을 수 있도록 도와주지요. 그래서 어느 정자 하나가 뚫고 들어가면 막은 다시 닫힙니다. 그다음에 정자와 난자의 융합이 일어나지요.*

---

어떤 학생은 저에게 평소에는 정액이 흰색이었는데 성관계를 하고 난 후에는 물처럼 투명했다고 말해주었어요. 그러다 나중에는 다시 원래처럼 흰색이 되었다는군요. 그러한 현상은 전혀 걱정할 필요가 없어요. 이미 말했듯이 정액은 여러 체액의 혼합물인데 그 혼합 비율이 사정할 때마다 달라지기 때문에 색깔도 달라질 수 있습니다.

---

* 우리는 그동안 경쟁에서 이긴 정자가 난자를 차지하는 정복적 스토리를 들어왔습니다. 그런데 과학적 사실은 그렇지 않지요. 정자는 여성의 몸 안에서 살아남기 위해 서로 뭉쳐서 돕습니다. 그리고 난자에게 온 첫 번째 정자 팀은 주로 막을 뚫다가 죽습니다. 더 놀라운 건, 난자는 자신과 DNA가 다른 정자를 만나면 스스로 막을 열어주기도 한다는 점이에요. 이처럼 난자가 정자를 선택하기도 하죠. 또한 정자가 난자 안으로 들어갔다고 해서 모두가 수정란이 되지는 않아요. 수정란이 되는 과정에서 유전자 조합이 알맞지 않다고 판단되면, 난자는 수정을 하지 않는답니다.

## P-스폿이라는 것에 대하여

정액의 주성분 중 하나는 전립선에서 만들어집니다. 이 성분은 끈끈하게 엉기고 물과 만나면 미세한 거품을 일으킵니다. 여러분이 욕조에 몸을 담근 채 사정을 해보면 직접 확인할 수 있을 거예요. 이 분비물이 없으면 정자는 여성의 포궁(胞宮) 속에서 그리 오래 살아남지 못합니다. 그러므로 장차 임신을 하길 원한다면 전립선은 매우 중요한 기관임을 기억하세요. 게다가 전립선은 매우 민감해서 일명 'P-스폿'으로 통합니다. 손가락으로 전립선을 자극하면 남자는 쉽게 오르가슴에 도달하거든요.

전립선은 호두알 정도의 크기입니다. 전립선을 육안으로 볼 수는 없어도 촉각으로 알 수는 있습니다. 손가락을 항문을 통해 직장(直腸)에 넣어보기만 하면 되지요. 손가락 끝에 뭔가 약간 불룩한 게 만져질 겁니다. 이 부분을 누르면 쾌감을 느낄 수 있습니다. 하지만 오줌이 마려운 느낌이 강하게 들 수도 있어요. 전립선을 이렇게 누르면 방광도 눌리기 때문에 당연한 겁니다.

한번은 어느 교실에서 성교육 수업을 하다 전립선 얘기를 꺼냈더니 어떤 학생이 "우웩!" 하고 소리를 지르더군요. 저는 그 애에게 물어봤습니다.

"전립선이 왜? 무슨 문제 있어?"

"말도 하지 마요. 그런 건 호모들에게나 필요하죠."

"그런 소리는 처음 듣는구나. 내가 알기로 남자는 다 전립선이 있어. 네가 그런 건 게이들에게나 필요하다고 생각한다면 세상 모든 남자를 게이라고 보는 거야."

어떤 사람들은 전립선을 항문을 통해서만 자극할 수 있다는 이유로 불쾌하게 생각하는데요. 전립선을 알고 그 기능을 이해하면 이 부분이 쾌감의 원천이 될 수 있습니다.

## 연습: 몸을 탐색해봅시다

큰 거울과 작은 손거울이 필요합니다. 큰 거울을 마주하고 작은 손거울을 이용하여 자신의 몸을 360도 돌아가면서 살펴봅시다. 각도에 따라서 내 몸이 어떻게 달라 보이나요? 내 몸의 어느 부분에 털, 점, 흉터가 있나요? 측면에서 보았을 때 발기한 음경의 각도와 방향은 어떠한가요?

### 자연 발기

남자들은 다 경험이 있을 거예요. 발표를 하러 앞에 나갔을 때라든가, 수영복만 입고 있을 때라든가, 때와 장소에 맞지 않게 거기가 서서 곤혹스러웠던 경험 말이에요. 발기는 의지로 다스려지지 않을 수도 있고 성적 흥분과 상관없이 일어날 수도 있어요. 발기는 뇌의 명령으로 일어나는데, 뇌가 단순히 생리학적 관점에서 성기의 기능을 확인하기 위해 발기를 명령하기도 하니까요. 발기가 일어나지 않기를 바란다면 무엇보다 발기에 대한 생각을 하지 마세요. 차라리 뭔가 김이 빠지거나 말 그대로 '거시기가 확 죽을 것 같은' 상상을 하세요. 전쟁의 참상을 생각해본다든가, 99×12를 암산해보는 편이 나을 겁니다.

발기는 아무것도 아닌 일로도 일어날 수 있어요. 음경은 단순 접촉이나 탑승 차량의 흔들림 때문에 자극을 받아도 스르르 일어나곤 해요. 특히 아침에는 방광이 소변으로 꽉 차 있기 때문에 곧잘 발기가 일어나요. 아침에 잠을 깨보니 거기가 딱딱하게 서 있는 이유는 방광이 발기를 자극하는 신경을 압박하기 때문이지요.

---

**저렴한 비아그라?** 저만 해도 기적처럼 강한 남성을 만들어준다는 약팔이 광고 메일을 허구한 날 받는데요. 조심하세요! 젊은 남자는 그런 약을 먹을 필요가 없을뿐더러 그렇게 인터넷에서 구입한 약은 건강에 매우 위험할 수도 있거든요. 여러분이 정말로 발기에 문제가 있다고 생각된다면 의사에게 진료를 받으세요.

---

어떤 친구가 얼마 전에 이렇게 묻더군요.

"그이가 깊이 잠들었는데 거기가 서더라. 섹스하는 꿈을 꾸면 그렇게 되는 거야?"

저는 그 친구에게 신체가 잠을 자는 동안 근육이 이완되면, 음경을 감싸는 해면조직에 피가 잘 흘러 들어가므로 발기가 일어난다고 설명해주었습니다. 야한 꿈과는 상관없이 말입니다.

"다행이네. 내가 나 아닌 다른 사람은 꿈에서도 만나면 안 된다고 했거든!"

어떤 남자들은 여자들이 먹는 경구피임약을 먹으면 에스트로겐 성분 덕분에 발기를 아주 오래 유지할 수 있다고 착각하는데요. 에스트로겐은 여성에게 많이 분비되지만, 남성에게도 소량 분비가 되고 발기에는 어떤 영향도 미치지 않는답니다.

## 성기를 씻는 법

포경 수술을 하지 않았다면 귀두가 얇은 기름기로 덮여 있는 것을 볼 수 있을 겁니다. 이 물질이 귀두 점막을 보호해줍니다. 귀두는 매우 민감한 기관이므로 건조한 것과 닿으면 따갑고 아프죠. 반면, 이미 포경 수술을 했다면 귀두가 미끄럽지 않고 그냥 부드러운 살갗 같을 겁니다. 포경 수술을 한 귀두는 자연 상태의 귀두만큼 민감하지 않습니다.

그런데 귀두에 이 기름기가 쌓이면 귀두지(smegma)라고 하는 희끄무레한 층이 생깁니다. 냄새가 많이 나지요. 그러니까 귀두를 잘 씻어주는 것이 바람직합니다. 귀두를 잘 씻으려면 포피를 잘 젖혀야 합니다. 미지근한 물로 씻고 비누는 쓰지 마세요. 비누는 피부와 점막을 건조하게 할 뿐만 아니라, 오히려 균의 번식을 돕기도 합니다.

성기를 지나치게 자주 씻는 것도 좋지 않습니다. 여러분은 싫을지 모르지만 성기 특유의 냄새는 결코 완벽하게 지울 수 없답니다.


## 불알=남성?

음경을 가지고 태어났다고 해서 꼭 자신이 남자라고 느끼는 건 아닙니다. 몸은 남자지만 정신적으로는 자신이 여자라고 느낄 수도 있고 그 어느 쪽에도 속하지 않는다고 느낄 수도 있습니다.

저도 어떤 사람들이 "트랜스젠더는 새로운 유행일 뿐이야"라고 하는 말을 들어봤습니다. 아뇨, 이건 절대로 유행 같은 것이 아닙니다. 여러분이 어떤 성별을 부여받았는데 그 성별에 소속감을 느끼지 못한다면, 그러나 친구나 가족은 여러분을 그 성별로만 대한다면 여러분은 굉장히 외로울 겁니다. 가령, 여러분은 스스로 남자라고 생각하지 않는데 '남자를 위한' 이 책을 선물받았을지도 모르죠.

이러한 입장에 있는 청소년이 잘 지낼 수 있으려면 가족, 선생님, 친구 들이 그의 성 정체성을 있는 그대로 존중해주어야 합니다. 그가 자기 이름으로 생각하는 이름을 불러주고 그를 대할 때 적절한 어휘를 사용해야 합니다.*

아무도 자기 자신을 단박에 알 수는 없습니다. 그 점은 트랜스젠더들도 마찬가지죠. 의복을 바꿔 입거나 스스로를 시험해보면서 저마다 경험을 쌓고 차츰 알아가는 겁니다. 그러다 보면 언젠가는 섹스와 젠더(생물학적 성과 사회적 성)를 포함해서 자신에게 가장 잘 맞는 성이 무엇인지 이해하게 될 겁니다.

---

\* 트랜스젠더는 가족이 지어준 이름이 아닌, 다른 이름을 자신의 진짜 이름으로 삼고 싶어 하는 경우가 있습니다.

# 외모

거울 앞에 서서 이리저리 돌아보며 팔의 알통을 한번 뽐내보고는 '아냐, 이걸로는 안 돼'라고 생각한 적 있나요? 당장 다른 티셔츠로 갈아입고 머리카락도 헤어젤을 처덕처덕 발라서 근사하게 넘겨봤는데, 그래도 별반 나아 보이지 않던가요?

누구나 그럴 때가 있습니다. 여러분이 상상할 수 있는 최고의 꽃 미남도 때로는 거울을 보고 어떤 결점에 눈길이 확 꽂혀서 세상에 이렇게 못난 놈이 있나 생각합니다.

자신의 신체적 외모에 대한 생각은 소위 자존감, 다시 말해 자기에 대한 신뢰와 만족의 정도를 결정하는 내적 태도에 의해 많이 좌우됩니다. 여러분이 자기 자신과 자기 삶에 불만이 많다면 외모도 불만족스러울 수 있습니다. 이런 상황에서는 객관적으로 잘생기고 말고가 별로 중요하지 않은 거죠.

자존감이 지저분하게 뻗친 머리와 두둘두둘한 여드름을 요술 지팡이처럼 싹 없애준다고 말하는 게 아닙니다. 자존감으로 바뀔 수 있는 것은 자기 자신에 대한 지각입니다.

자신에게 너무 깐깐하게 굴지 마세요. 거울 앞에서 몇 시간이고 마음에 안 드는 부분을 노려보고 뜯어봐도 소용없습니다. 대체로 남들은 그렇게까지 그 부분에 신경 쓰지 않는다는 것만 알아두세요. 여러분 눈에 확 튀어 보이는 결점을 그들은 숫제 의식 못 하거나 알아보더라도 별로 마음에 두지 않는답니다.


## 모델과 슈퍼히어로

자신을 다른 남자, 특히 영화나 텔레비전에서 보았던 연예인과 비교할 때가 있습니다. 실제로 어느 한 인물, 특히 남성을 주인공으로 내세우는 영화가 압도적으로 많으니까요. 다만, 영화 속의 남자주인공은 그 사람이 그 사람인가 싶을 만큼 다들 외모가 비슷하지요. 그들은 모두 키가 크고, 피부가 보기 좋게 그을려 있어요. 그들은 불길이 치솟는 건물에서 어린아이를 구해내고 추잉 껌이나 클립 하나로 폭탄의 뇌관을 제거합니다. 그런 남자와 비교하면 당연히 여러분 자신은 초라하게 느껴지겠죠.

텔레비전이나 광고 속의 남자들과 자신을 비교하는 일은 순전히 시간 낭비입니다. 그 사람들은 멋지게 보이는 게 그들의 일이에요. 그 외모를 얻기 위해서 개인 트레이너와 스타일리스트에게 큰돈을 쓰는걸요. 그들은 전문가에게 화장을 받고, 때로는 성형수술도 마다하지 않으며, 컴퓨터로 목소리까지 보정합니다. 그러니 이런 유의 아름다움과 경쟁하려고 애쓰지 마세요!

---

16~29세 남성 2명 중 1명만 자신의 몸매와 얼굴에 만족한다고 답했어요. 우리가 현실에서 구현할 수 없는 환상의 이미지들과 우리 자신을 비교하면서 살고 있다는 뜻이겠지요.[1]

---

저는 모두들 서로 비슷비슷하고 고만고만하게 잘생기기를 바란다는 사실을 확인하고는 좀 슬퍼졌습니다. 사람은 누구나 세상에 하나뿐인 존재고, 우리는 이 독창성을 소중히 여겨야 합니다. 내가 어떤 사람으로 살고 싶은지, 유일무이한 삶을 어떻게 만들어 나가고 싶은지 알게 될 때 비로소 우리 마음이 편안해진답니다.


## 섹스를 못할 만큼 못난 사람은 없습니다

이제 여러분에게 제가 살면서 겪은 일을 말해볼까 합니다. 예전에는 정말 너무 괴로웠지만 지금은 전혀 마음이 쓰이지 않는 일인데요.

저는 고등학교 때 여드름이 정말 심했어요. 여드름이야 다른 친구들도 다 나는 거였지만 제 경우는 정말 온몸이 여드름 밭이 된 것 같았어요. 등에도 여드름이 많이 나서 거무스름한 점과 흉터가 남았습니다. 저는 그 흔적을 티셔츠 속에 꽁꽁 감추고 절대 누구에게도 노출해서는 안 될 특급 비밀처럼 여겼어요. 그래서 무슨 일이 있어도 남들 앞에서 웃통은 벗지 않았지요. 그런데 다른 건 둘째치고, 처음으로 섹스를 하게 될 날을 상상하면 불안해서 병이 날 것 같았어요. 상대가 내 등을 보고 기겁하면 어쩌지? 내 외모가 과연 그런 상황까지 갈 수 있는 '깜냥'은 되나?

섹스가 제가 상상했던 것과 전혀 다르다는 사실은 나중에 가서야 알 수 있었습니다. 첫째, 외모가 꼭 중요하란 법은 없더군요. 어차피 땀에 흠뻑 젖어서 헉헉대기 바쁘거든요. 둘째, 섹스는 멋진 근육과 자신의 섹시한 면을 보여주는 쇼가 아니에요. 두 사람이 만나 서로의 육체를 알아가는 것이 무엇보다 중요하죠. 여드름, 형편없는 머리 모양, 앙상한 팔, 등에 남은 흉 따위는 아무 문제가 되지 않습니다.

# 성기의 크기

············

남자 탈의실에 한 번이라도 들어갔던 경험이 있다면 남자들이 자기 성기 크기에 얼마나 집착하는지 알 겁니다. 사춘기 남자애들만 그런 게 아니에요. 암요, 나이가 들어서도 남자들은 계속 그럽니다. 제가 열여덟 살 때 제 성기가 정확히 몇 센티미터인지 모른다고 했더니 친구들이 안 믿더라고요.

"진짜 한 번도 안 재어봤단 말이야?" 애들은 호들갑을 떨더니 곧바로 자를 찾으러 가더군요.

제가 보았던 가장 큰 음경은 이성애 포르노, 다시 말해 여자를 좋아하는 남자를 위한 영상물에서 나왔습니다. 확실히 남자들은 거대한 물건을 매혹적으로 보는 것 같습니다. 우리 문화에서 거대한 음경은 남성성과 성욕의 상징으로 통하지요.

성에서 음경이 차지하는 역할에 대한 환상 때문일까요? 성생활의 성공이 음경의 크기에 비례한다고 생각하는 남자들이 참 많습니다. 성적 쾌감은 음경의 크기가 좌우하는 게 아닌데 말이죠.

## 섹스를 못할 만큼 작다?

"아니, 그래도 거시기를 넣었는데 여자가 느끼지도 못하면 어떡해요?" 하루는 어떤 남학생이 이렇게 묻더군요.

"그럴 일은 없습니다." 저는 딱 잘라 대답했어요.

발기한 음경이 설령 새끼손가락 절반 크기밖에 되지 않더라도 질이나 항문에 들어가면 느낌이 확실히 납니다. 느끼지도 못할 만큼 작은 음경은 없습니다. 게다가 외음부와 질의 입구 쪽은 굉장히 민감합니다. 질 속으로 깊이 들어갈수록 민감도는 떨어지고요. 이 말인즉슨, 아무리 작은 음경이라도 여성에게 쾌감을 줄 수 있다는 뜻입니다.*

그렇지만 자기 성기 크기 때문에 마음 졸이는 남자는 한둘이 아닙니다. 이러한 걱정은 성관계 진행에 대한 이미지가 머릿속에 잘못 박혀 있기 때문에 비롯된 겁니다. 여자의 성기가 구멍의 형태를 띠고 있으니까 남자의 성기로 그 구멍을 채워야 한다고 상상하는 거죠. 하지만 섹스는 그런 게 아니에요.

질 근육도 그렇고, 괄약근(직장의 근육)도 그렇고, 상대가 성적으로 흥분하지 않을 때는 단단하게 뭉쳐 있습니다. 그래서 손가락만 집어넣어도 아프게 마련이지요. 상대가 성욕을 느끼고 부드러운 애무를 받으면 이 근육들이 풀어집니다. 이때에만 음경이 무리 없이 들어갈 수 있습니다.

이 근육은 훨씬 더 넓게 벌어질 수도 있습니다. 아기도 질을 통해서 세상에 나오잖아요. 질 근육과 괄약근은 상황에 적응할 수 있습

---

* 섹스에서 삽입만으로 오르가슴을 느끼는 여성은 약 18퍼센트밖에 되지 않아요. 음경의 크기보다는 상대가 충분히 오르가슴을 느끼고 있는지, 어떤 방법을 좋아하는지 대화를 통해 알아가는 과정이 중요합니다. 쾌감은 삽입으로 완성되는 게 아닙니다.

니다. 음경이 너무 작아서 섹스를 못할 리는 없다고 확실하게 말할 수 있는 또 하나의 이유이지요.

## 정확한 치수

자기 성기의 크기를 정확하게 파악해서 다른 사람의 성기 크기와 비교해보고 싶어 하는 남자들이 많은데요. 개인적으로 저는 그러한 비교가 참 어리석지 않나 생각합니다. 성기의 길이가 섹스의 우수성을 나타내지는 않으니까요. 하지만 그런 질문을 워낙 많이 받다 보니 통계를 참조할 필요가 있겠다 싶었습니다.

한 조사에 따르면 발기한 음경의 길이는 평균 13센티미터라고 합니다. 그렇지만 이 조사의 대상자는 성인 남성들이었으므로 성장이 아직 끝나지 않은 청소년 여러분은 기준으로 삼지 않길 바랍니다.

음경의 크기 차이는 발기하지 않은 상태에서, 특히 여러분이 탈의실에서 자기 것과 남들의 것을 비교할 때 더 표가 나요. 그 이유는 음경이 휴식 상태일 때 흘러 들어가는 피의 양은 개인차가 크기 때문입니다. 달리 말하자면, 발기 상태에서는 음경의 크기 차이가 오히려 줄어들어요.

---

자기 물건이 크다고 자랑하는 말을 믿지 마세요. 한 연구 조사는 남자들이 성기 크기를 곧잘 과장해서 말하는 경향이 있고, 실제로 본인이 제시한 길이와 연구자가 측정한 길이는 상당한 차이가 있음을 보여주었습니다.

---

## 약과 수술

인터넷에서 성과 관련된 게시판을 살펴보다 보면 음경을 확대하는 방법이 없느냐고 묻는 사람들이 꽤 있습니다. 저는 그런 방법은 없다고 답하든가 '음경이 커져도 기능이 떨어질 수 있다'고 답합니다.

만약 여러분이 온라인으로 판매하는 알약을 먹어보고 싶다고 한다면 저는 당장 그건 좋은 생각이 아니라고 할 겁니다. 그런 약이 정말 잘 듣는다면 진즉에 텔레비전에 광고를 내고 기적의 효과를 자랑하지 않았을까요? 세상의 그 어떤 약도 음경의 길이를 늘여주지는 못합니다. 운이 나쁘면 본인 건강에 해로운 상품을 주문하는 꼴

밖에 되지 않을 겁니다. 그나마 운이 좋다면 비타민을 터무니없이 비싼 가격으로 사들이는 셈이 될 테고요.

인터넷에는 음경의 길이를 늘여준다는 온갖 잡다한 것이 존재합니다. 그러나 그런 상품은 효과가 보장되지 않을뿐더러 음경의 해면조직을 상하게 할 수도 있습니다. 이 조직에 피가 몰려야 발기가 일어나는데 말이죠. 수술 쪽도 정말로 권장할 수 있는 수준까지 발전하지는 못했습니다. 음경 확대 수술은 흉터와 상처를 남길 수 있으며 최악의 경우에는 성 불능까지 초래합니다. 수술로 커진 몇 센티미터가 도로 흡수되어 말짱 꽝이 되기도 하고요.

성기 크기를 불안해하는 성인 남성에게 장기적으로 가장 확실한 해결책은 자신감 기르기입니다. 사랑하는 사람에게 쾌감을 줄 수 있고 자기도 사랑받을 수 있다고 굳게 믿으세요. 그러면 있는 그대로의 자기 모습에 만족할 수 있고 더는 성기 크기에 연연할 일도 없을 테지요.

# 성욕

열여덟 살인 요한은 고교 졸업반입니다. 우리가 성욕에 대해 얘기를 나눌 때 그 친구는 이런 말을 했습니다.

"중학교 2학년에서 3학년까지, 그 2년 동안만큼 성욕이 미쳐 날뛰었던 적이 없는 것 같아요. 그때는 걸핏하면 거기가 서서 제가 무슨 토끼가 된 기분이 들었어요. 그냥 항상 하고 싶은 상태였어요."

요한은 성욕, 혹은 성적 흥분이 일상생활에 방해가 되는 느낌이 들었다고 했습니다.

"그런 상태에서는 수학 문제를 풀려고 해도 집중이 잘 되지 않았어요. 가끔은 성욕이 너무 압도적이어서 당장 화장실로 달려가 손으로 해결해야겠다는 생각밖에 할 수 없었죠. 음, 친구들하고도 얘기해봤는데 저만 그런 건 아닌 것 같더라고요. 물론 화장실에 처박혀 자위행위를 한다, 뭐 이런 말을 대놓고 주고받은 건 아니지만 다른 남자애들도 다 비슷한 곤란을 겪고 있는 눈치였어요."

하지만 다른 애들도 그렇다고 해서 자기에게 문제가 되지 않는 건 아니었죠.

"가끔은 제가 무슨 병에 걸린 기분이 들었어요. 네 번이나 자위를 하고 다섯 번째 또 하려니 통증이 느껴질 지경이었는데도 멈출 수가 없었죠. 이렇게까지 성욕이 계속 일어나다니 좀 미친 거 아닌가 싶었어요."

## 부끄러워하지 마세요

여러분도 요한과 똑같은 생각을 했다 해도 부끄러워하지 마세요. 당연한 겁니다. 사춘기에는 테스토스테론을 비롯한 호르몬들이 폭발하기 때문에 아주 많은 것이 달라지지요. 골격이 커지고, 털이 나고, 고환은 정자를 만들기 시작하고, 변성기가 옵니다. 성욕의 자기주장이 거세지는 시기예요.

어린아이도 성을 전혀 모른다고 할 순 없어요. 아주 어렸을 때 친구들과 성적인 놀이를 한 경험이 있지 않나요? 그리고 전체 남성 인구의 절반 정도는 사춘기가 시작되기 전에 처음 자위를 했다는군요.[2]

비록 자기 상태가 좀 이상하다고 생각되더라도 성욕을 억누르려고만 하지는 마세요. 감정과 느낌을 억압하는 것은 결코 좋은 일이 아니니까요.

일전에 라디오에서 신앙심이 깊은 미국 남자들이 성욕을 매우 죄악시하는 교육을 받고 자랐다고 고백하는 방송을 들었습니다. 그들은 자위행위를 하거나 성적 환상을 품으면 지옥에 간다고 배웠다고 하더군요. 그들은 성욕뿐만 아니라 감정도 어떤 식으로든 억압해야만 했습니다. 하지만 그게 잘 안 되어서 불행해졌지요. 그중 어떤 사람은 자위조차 안 하고 살면서도 자기가 섹스 강박증이라고 생각했대요!

성적 흥분이 유난스럽고 기이하게 느껴지더라도 성욕에 저항하지 말고 오히려 귀를 기울여보세요. 자위를 하고 싶으면 얼마든지 해도 돼요. 나만 이상한 것 같다는 생각은 하지 마세요.


## 성욕이 없을 때

"남자들은 언제라도 섹스를 할 수 있고 늘 그 생각밖에 안 한다고들 하잖아요. 하지만 그 반대라면 어떻게 되는 거죠? 성관계를 하기 싫다는 남자는 소위 남자도 아닌 건가요?"

요한보다 한두 살 더 많은 알리가 이런 질문을 했습니다. 알리는 자기도 요한이 말한 것 같은 상태를 알지만 반대로 성욕이 없고 섹스가 전혀 내키지 않는 때도 있다고 말했지요.

"섹스를 좋아하지만 늘 그 행위를 해야 한다고 생각하진 않아요. 실제로 몇 달 내내 한 번도 안 한 적도 많고요. 섹스에서 즐거움을 못 느껴서가 아니라, 그냥 그렇게까지 성욕이 일지 않아서요."

알리는 성욕이 없다고 하면 다른 남자들이 되게 이상하게 생각한다는 점을 강조했습니다. 그런 남자는 병이 있든가, 애인이 없어서, 혹은 애인이 바람을 피웠다든가 하는 이유로 심하게 우울한가 보다 생각한다나요.

그렇지만 성적 흥분이 자주 일어나지 않는다고 해도 문제될 건 없습니다. 아무 음악도 듣고 싶지 않을 때가 있고, 친구들을 만나지 않고 그냥 혼자 있고 싶을 때도 있는 것처럼요.

# 혼자 하는 섹스

자위는 자기 자신과 하는 성관계에 해당합니다. 자기가 성욕을 느끼고 자기가 행위를 어떻게 할지 결정하면 되기 때문에 파트너와 하는 성관계보다 훨씬 쉬운 면이 있지요. 자위는 무엇이 자신에게 쾌감을 주는지 발견하고, 상대를 어떻게 애무하면 좋은지 배울 수 있는 수단이기도 합니다.

어릴 때부터 자위를 하는 아이도 있고 훨씬 나중에야 자위를 시작하는 아이도 있습니다. 칼은 열 살인가 열한 살 때 처음 자위를 했다고 말했습니다.

"캠프에 갔을 때예요. 어떤 형이 손을 써서 기분 좋아지는 법에 대해 얘기했어요. 그게 무슨 말인지 그 자리에서 바로 알아듣진 못했죠. 하지만 나중에 혼자 있을 때 시도를 해봤는데 완전히 뿅 갔어요."

자위를 매번 완벽하게 숨기는 것이 칼에게는 가장 성가신 문제였다는군요. 그는 가족들이 모르기를 원했거든요. 물론 자기 혼자 쓰는 방이 있긴 했지만 언제 식구가 들이닥칠지 몰랐죠. 사춘기가 되자 더 골치가 아파졌습니다. 사정을 하면 화장실에서 정액을 씻어내야만 했으니까요. 그때부터는 자기 방에 꼭 화장지와 쓰레기통을 두게 되었다지요.

"엄마가 쓰레기통에 수북이 쌓인 휴지 뭉치를 볼까 봐 쓰레기통은 꼭 제가 직접 비웠어요. 부모님은 시키지도 않았는데 자기 방 정리를 잘한다고 기특해하셨죠." 칼은 웃으면서 말했습니다.


## 부작용은 없다

이따금 자위를 많이 하면 위험하지 않은지 묻는 아이들이 있습니다. 이렇게 기분이 뿅 가는데 유익하기까지 할 리는 없다나요. 자위와 관련된 기상천외한 가설들이 역사적으로 얼마나 많았던가를 생각해보면 사실 그렇게까지 바보 같은 질문도 아니죠. 어쩌면 자위의 또 다른 명칭인 '오나니즘(Onanism)'이 성경 속 인물 오난(Onan)에게서 유래했기 때문일까요. 오난은 섹스는 즐기되 자손은 낳지 않으려 했기 때문에 신에게 벌을 받아 죽었습니다. 그러니 자위를 하면서 걱정스러워질 만도 하지요. 가령, 스카우트 운동의 창시자 로버트 베이든 파월은 자위에 대해 이런 말을 남겼습니다.

> "어느 시점부터 남자아이가 약해지고, 신경이 예민해지고, 소심해진다. 두통을 느끼거나 심장 박동이 비정상적으로 빨라지기도 한다. 그래도 그 습관을 계속 밀고 나가면 지능이 떨어지고 바보가 될 수도 있다."[3]

특히 자주 받는 질문은 정자의 질에 대한 것입니다. 자위를 많이 하면 정자의 수태력이 떨어지나요? 혹시 나중에 아기를 못 갖는 건가요? 답을 하자면, 남자는 평생 정자를 생산할 수 있고 정자의 질과 자위 사이에는 아무 관계도 없어요. 게다가 남자의 몸은 일정 시간이 지나면 정자를 배출하게 마련입니다. 섹스나 자위를 하지 않는다면 잠자는 동안에라도 정자를 내보내지요. 그래서 간혹, 아침에 일어났을 때 가랑이가 축축해져 있곤 하지요. 흔히 '몽정'이라고 부르는 현상입니다.

또 많이 나오는 질문은 자위행위나 성관계 후에 음경이 약간 아픈데 괜찮은가 하는 것입니다. 역시 전혀 걱정하지 않아도 됩니다. 성기가 쾌감을 한껏 즐기고 난 후 잠시 휴식이 필요하다는 신호일 뿐이죠. 한동안 만지지 않고 놓아두면 불편한 느낌이 사라질 겁니다. 또 자위를 하고 싶으면 해도 됩니다.


## 여러 가지 자위 방법

신체의 유연성이나 민감성은 사람마다 다릅니다. 그러므로 자위 방법도 여러 가지가 있을 수밖에 없지요. 특히 많이 쓰이는 방법들이 있기는 하나, 스스로 쾌감을 가장 잘 느끼는 방법을 찾아보아도 좋습니다. 여기서 몇 가지 방법을 소개해보겠습니다.


### 손으로 하는 법

손바닥으로 음경을 감쌉니다. 포피를 아래로 내렸다 귀두 쪽으로 올렸다 하는 동작을 반복합니다. 포경 수술을 했다면 윤활제를 사용하는 편이 쾌감이 더 큽니다. 윤활제 대신 타액을 쓸 수도 있지만 금세 마를 겁니다.


### 손가락 고리

엄지와 검지로 고리를 만들어 음경 뿌리 부분을 감싼 후 서서히 죄어주면 쾌감을 느낄 수 있습니다. 그다음에 위아래 동작을 반복하세요.

## 오토펠라티오

자기 성기를 빨 수 있는 사람이 드물지만 있긴 있습니다. 성기가 굉장히 크든가, 신체가 굉장히 유연한 경우죠. 앉은 자세에서 성기를 향해 고개를 숙이거나 누운 자세에서 하반신을 입 쪽으로 젖혀서 펠라티오를 할 수 있습니다. 단, 잘 안 되는데 억지로 하려고 하지 마세요. 목뼈가 부러질지도 몰라요!

---

## 자위 방법에 대한 통계

82퍼센트, 그냥 손만 쓴다.
24퍼센트, 자기 몸을 애무 한다.
18퍼센트, 고환을 자극한다.
15퍼센트, 침대 매트리스에 성기를 마찰한다.
14퍼센트, 손가락이나 다른 것을 항문에 넣는다.
7퍼센트, 자기 젖꼭지를 만진다.
1퍼센트, 자위행위를 전혀 하지 않는다.
0.5퍼센트, 오토펠라티오를 한다.[4]

---

## 마찰

배를 깔고 누워서 성기를 침대 매트리스나 쿠션 따위에 대고 비빕니다. 침대 시트나 이불에 정액의 흔적이 남을 수 있으니 주의하세요!

## 콘돔을 쓰는 법

음경에 콘돔을 씌우세요. 손으로 자위를 하거나 침대에 성기를 문지르세요. 사정을 할 때 정액이 콘돔 안에 모이기 때문에 뒤처리를 걱정하지 않아도 됩니다. 콘돔 씌우는 법에 대해서는 '안전한 섹스(249p)'를 참조하세요.

## 애무

손바닥, 손끝, 깃털 따위로 자신의 몸을 부드럽게 어루만지세요. 얼굴, 입술,

팔, 배, 허벅지, 엉덩이를 만져보세요. 저마다 특히 손길이 기분 좋게 느껴지는 부분이 있는데 아마 여러분도 그러한 성감대가 있을 겁니다. 본격적인 자위행위에 들어가기 전에 이런 식으로 성욕을 고조시켜보세요.

### 사정

포르노 영화에서 몸에 정액을 맞는 장면을 본 적이 있다면, 그게 어떤 기분일까 궁금할지도 모릅니다. 한번 실험해보세요. 침대에 반듯이 누운 채로 사정을 하면 배나 상반신에 정액이 튈 테니 그리 어려운 일도 아니죠. 엉덩이에 쿠션을 받치고 벽에 머리를 기대면 얼굴이나 입에 정액을 맞는 경험도 할 수 있을 겁니다.

### 윤활제

자위를 할 때는 손과 몸이 미끈미끈하게 젖어 있어야 합니다. 비누칠을 하고서 자기 몸을 애무해보세요. 그 상태에서 손으로 성기를 감싸주세요. 혹은 성기가 시작되는 회음부를 눌러주어도 좋습니다. 약국에서 파는 윤활제를 사용하면 더 간편합니다.

### 타액

음경에 침을 묻혀보세요. 그러고 나서 귀두에서 고환까지 손가락으로 쭉 훑어 내려줍니다. 눈을 감고 누군가가 성기를 빨아주는 상상을 해보세요.

### 손가락 삽입

항문 주위를 부드럽게 문지르면서 호흡을 가다듬습니다. 손톱이 길거나 지저분하면 상처가 생길 수 있으니 주의하세요. 청결이 염려된다면 손가락에 콘돔을 씌워도 좋습니다. 손가락이나 항문에 윤활제를 바르세요. 윤활제가 없으면 타액을 쓸 수도 있지만 제법 많은 양이 필요합니다. 10초 정도 손가락으로 항문의 입구를 누르면서 숨을 고르다 보면 안으로 들어갈 겁니다. 괄약근, 다시 말해 직장 근육이 이완되기 때문에 손가락이 안에서 뭔가 불룩한 부분, 즉 전립선을 건드리게 될 거예요. 이때 새로운 쾌감을 느낄 수 있습니다. 하지만 이 자위행위는 숙달되기까지 어느 정도 연습이 필요합니다.

## 거울

거울 앞에서 자위행위를 하면 또 다른 시각적 자극을 느낄 수 있습니다. 그리고 거울은 가까이 있는 것을 더 크게 보이게 한다는 부수적인 장점도 있지요.

## 진공청소기

발기 상태의 음경을 진공청소기 튜브에 넣으면 펠라티오를 받는 느낌이 난다고 하는 야한 농담이 종종 들리는데요. 그건 사실이 아닙니다. 일단 펠라티오는 축축한 느낌인데 진공청소기는 물기라곤 없잖아요. 자위행위에 진공청소기를 이용할 생각은 꿈에도 하지 마세요. 강력한 압력 때문에 음경의 해면 조직이 부상을 입을 위험이 있거든요.

## 환상

뇌는 인체에서 가장 강력한 섹스 기관입니다. 환상과 욕망이 태어나고 깃드는 곳이니까요. 눈을 감고 환상에 자신을 맡겨보세요!

## 자위 에티켓

1. 나만의 시간에, 나만의 공간에서 해요. 다른 사람과 함께 사용하는 공간이나 공공장소에서는 하면 안됩니다. 만약 다른 사람과 같이 방을 사용

하나요? 그럴 땐 화장실에서 문을 잠그고 하는 방법도 있습니다(보통 샤워할 때 많이들 자위를 하지요).

2. 청결은 기본 중의 기본이에요. 성기는 균에 노출되기 쉬운 데다, 자위행위는 보통 성기 자극을 동반해요. 그러니 손이나 자위 기구, 성기를 깨끗이 씻는 거 잊지 마세요.

3. 안전을 빼먹으면 후회해요. '자위를 할 때 안전해야 한다고?' 의문이 들 수 있어요. 하지만 우리 몸에 직접 접촉을 하는 것이니 무척 중요하답니다. 안전에는 간단한 규칙이 있어요. 손을 사용할 때는 손톱을 가지런히 다듬고, 다른 기구를 이용할 때는 자위용으로 개발된 기구만 사용하세요.

4. 뒤처리를 까먹지 마세요. 칼은 자위를 한다는 걸 들키지 않기 위해 청소를 했다고 해요. 물론 자위가 숨기고 참아야 하는 건 아닙니다. 그러나 다른 사람들에게 자랑하며 떠벌릴 필요도 없지요. 다른 사람들은 타인의 자위에 대해 별로 알고 싶어 하지 않아요. 그러니 자위행위를 했다면 뒤처리를 깔끔하게 하는 게 배려입니다!

## 자위=지루함?

자위행위에서 쾌감을 전혀 얻지 못할 수도 있습니다. 크리스티안은 그런 기분이 뭔지 잘 안다고 하더군요.

"이유 없이 습관적으로 자위를 하다 보니 어느 시점에 가서는 그렇게 되더라고요. 진짜 매일, 딱히 하고 싶은 일도 없고 해서 딸을 쳤던 것 같아요. 나중에 가서는 제가 왜 이러고 있지 싶더라고요. 그래서 바로 끊었어요."

금욕은 꼬박 2주를 갔다고 합니다. 그러다 어느 날 성욕이 일었고 그는 흥분해 자위를 했습니다.

"그땐 와 미쳤다 싶게 좋았어요. 그래서 다음 날 또 그 느낌을 맛보고 싶어서 자위를 했지요. 그런데 안 되더라고요."

크리스티안처럼 자위를 의무적으로 하고 있다는 생각이 들거든 당장 휴식을 취하도록 하세요. 그리고 자위가 즐거웠을 때는 어떻게 했는지 한번 돌이켜보기 바랍니다. 자위가 시시하고 재미없다면 그 행위를 정말로 하고 싶을 때 한 게 맞는지 돌아보세요.

자위행위가 지루해지면 다른 테크닉을 시험해보거나 스스로 새로운 테크닉을 개발해보세요. 자위와의 관계는 아주 오래갈 관계라고 생각하세요. 남성들 대부분은 고정적인 성관계 파트너가 생긴 후에도 자위를 해요. 자위마저 일상의 끊임없는 되풀이로 전락해서 아무 즐거움이 없다면, 혼자서 하는 섹스를 더 깊이 탐색하고 즐기지 못한다면, 그거야말로 아쉬운 일이겠지요.

# 포르노
· · · · · · · · ·

제가 십 대 초반이었을 때는 컴퓨터도 없고 스마트폰도 없었기 때문에 인터넷에서 야동을 볼 일도 없었습니다. 그래서 제가 맨 처음 접한 포르노는 카날플뤼스* 심야 X 등급 영화였지요.

금발로 탈색한 여자들이 이탈리아 남자들과 몸을 섞으면서 부자연스러운 신음을 토하는 그 영화를 보면서 우스꽝스럽고 외설적이다 싶으면서도 흥분됐습니다. 제가 좋아하는 유형은 아니었지만 제가 볼 수 있는 포르노가 그것뿐이니까 그래도 봤습니다. 나중에 제 컴퓨터가 생겼을 때는 제가 좋아하지 않는 유형—인터넷에서 볼 수 있는 포르노의 거의 대부분—은 거르고 마음에 드는 것만 볼 수 있었지요.

포르노그래피는 최근에 나온 게 아닙니다. 2,000여 년 전에도 성행위를 하고 있는 사람들을 그림으로 묘사하곤 했으니까요. 인간은 이런 유의 이미지에 늘 관심이 있었습니다. 모두가 그런 걸 좋아한다는 뜻은 아닙니다. 남자들도 때로는 성적 흥분과 상관없이 호기심이나 흥미 때문에 그런 이미지를 찾아보곤 합니다.

여러분도 인터넷이 제공하는 포르노를 꼭 좋아할 필요는 없습니

---

* 카날은 유럽의 메이저 방송사명이다. 플뤼스는 유료채널이다 — 옮긴이 주.

다. 다만, 취향을 저격하는 포르노를 발견하면 자위를 좀 더 즐길 수 있지요. 포르노는 위험 부담 없는 섹스와 비슷한 데가 있습니다. 억지로 할 필요도 없고, 피임을 걱정할 필요도 없으며, 누군가를 사랑해야만 하는 것도 아니죠.

## 포르노도 종류가 가지가지

사람들의 취향과 성적 환상이 다양한 만큼 포르노도 아주 다양하게 있습니다. 일단 포르노를 업으로 하지 않는 사람들이 돈을 받지 않고 재미 삼아 찍는 아마추어 포르노만 봐도 그렇죠. 그들은 주로 섹스하는 모습을 내보이면서 느끼는 쾌감, 혹은 카메라 앞에서 느끼는 특별한 흥분 때문에 그런 일을 하지요. 하지만 주의하세요. 그런 동영상은 그 안에 등장하는 사람들의 동의 없이 훔쳐내서 온라인에 퍼뜨린 것일 수도 있습니다.** 이 경우, 동영상을 소비하거나 타인과 공유하는 행위는 불법입니다.

그림이나 컴퓨터 이미지로 만든 만화 영화도 포르노그래피가 될 수 있습니다. 사람이 등장하지 않기 때문에 촬영과 유포로 상처받을 사람이 없다는 점은 적잖게 안심이 되지요. 그렇지만 포르노 만화 영화는 순전히 상상에 속하기 때문에 현실과 더 심하게 괴리되

---

** 현재 한국에서 소비되는 '포르노'의 대다수는 디지털 성범죄 피해물입니다. 디지털 성범죄 피해물에는 불법 촬영물(동의 없이 촬영한 영상이나 사진), 비동의 유포물, 딥페이크(타인의 얼굴을 성적 매체에 합성한 편집물) 등이 있습니다.

는 경향이 있습니다. 문어발이나 천사의 날개가 달린 캐릭터가 등장한다든가, 인체 비율이 터무니없다든가 하는 식으로 말이에요. 인터넷에는 자기가 그린 야한 그림을 올리기도 하고, 남의 그림에 코멘트를 달기도 하는 커뮤니티가 많이 있습니다. 일본 만화에서 성적 영감을 얻고 싶다면 헨타이(이성애 포르노 만화), 야오이(게이 포르노 만화), 유리(레즈비언 포르노 만화) 같은 카테고리를 찾아보세요.

  포르노는 이미지나 동영상만 있는 게 아닙니다. 인터넷에는 아마추어 작가들이 이야기를 써서 올리기도 하고 그러한 이야기를 다운로드할 수 있는 사이트들이 있습니다. 이러한 사이트들은 타인의 환상을 엿볼 수 있을 뿐 아니라, 여러분 자신도 그런 환상을 글로 쓰거나 타인에게 보여주기에 안성맞춤이지요. '슬래시'라는 하위 장르는 유명한 소설이나 영화의 등장인물들의 성생활을 다루는 2차 창작물입니다. '슬래시'는 원래의 타이틀에 빗금을 친다는 의미도 있지만 이 기호 자체가 섹스 파트너들을 연결하는 의미도 있습니다. 이러한 장르를 '팬픽'이라고 부르기도 하는데요. 예를 들어 《반지의 제왕》의 두 인물을 동성애 커플로 짝짓는다든가(아라곤/레골라스), 《해리 포터》의 두 인물을 이성애 커플로 짝짓는다든가(해리/헤르미온느) 할 때 이 슬래시 기호(/)를 쓰지요.


## 클리셰로 가득한 세상

영화는 같은 이야기를 반복할 때가 많습니다. 로맨스 영화는 도입부에서 남자와 여자가 만나고 관객은 그 두 사람이 결국 이어질 거라고 생각합니다. 액션 영화에서 주인공은 목숨이 간당간당한 위기에서도 기적적으로 살아남아 끝내 악당을 무찌릅니다. 시나리오 작가들은 관객이 뭘 좋아하는지 손바닥 들여다보듯 알기 때문에 가급적 많은 이의 마음을 얻기 위해서 과거에 써먹었던 비법을 또 써먹곤 하지요. 포르노도 다르지 않습니다.

상업 이성애 포르노가 자주 반복하는 이야기는 여성을 철저히 능욕하는 데 주안점을 둡니다. 여자가 학대, 모욕, 강간을 당하는 장면이 많아도 너무 많아요. 남성과 여성이 함께 사랑을 나누면서 느끼는 쾌감은 보여주지 않고, 남성이 여성의 욕망은 안중에 없이 제 욕심만 채우는 상황을 보여줍니다. 그리고 여성이 성적으로 흥분하면 '음탕한 년' 딱지를 붙이고 남성은 '벌을 준다'는 식으로 섹스를 합니다.

---

남자 4명 중 1명은 포르노를 좋아하지 않습니다. 그리고 포르노를 보는 남자 3명 중 1명은 그 사실을 부끄러워합니다.[5]

---

포르노가 이성애물, 동성애물을 막론하고 자주 반복하는 또 다른 흥행 요소는 왜곡된 신체입니다. 남자들은 모두 성기가 엄청나게 크고, 여자들은 실리콘 보형물을 넣은 거대한 가슴과 성형수술로 축소한 음순을 드러내지요. 남자가 엄청난 양의 정액을 쏟아내는 장면을 연출하기 위해 가짜 정액을 쓸 때도 많습니다. 하지만 그런 몸을 가진 사람과 섹스를 해야 쾌감이 더 큰 것은 아닙니다.

상업 포르노의 또 한 가지 문제점은 피임 도구를 쓰지 않는다는 것이지요. 수많은 포르노 스타들이 에이즈로 사망했지만, 포르노 제작자들은 콘돔 없이 하는 섹스 영상이 더 잘 팔린다는 이유로 배우들의 건강을 위험에 노출시키고 있습니다.

## 포르노에서 섹스를 배울 수는 없다

한번은 어떤 남학생에게 상업 포르노는 이제 지겹다는 말을 들었습니다.

"왜 꼭 그런 식이어야 하는지 이해가 안 돼요. 아니, 보통 사람이 실제로 하는 섹스와 좀 비슷하게 흘러가면 안 된다는 법이라도 있어요?"

네, 그렇습니다. 포르노 제작자들은 성생활을 사실적으로 재현하거나 섹스를 더 즐겁게 하는 정보를 제공하려고 그런 영화를 만드는 게 아니니까요. 포르노는 성적 환상을 실현하고 구현하는 데 목적이 있습니다. 그러니 여러분은 현실의 섹스를 포르노 영화 속의 섹스와 비슷하게 해보려고 애쓸 필요가 없어요.

포르노는 장면들을 잘라내거나 붙일 수 있는 편집 과정을 거치기 때문에 이중으로 현실과 괴리되어 있습니다. 포르노의 상당수는 전희 과정을 보여주지 않지요. 현실에서는 준비되지 않은 상황에서 질이나 항문에 삽입을 당하면 대단히 아픈데, 포르노에서는 아무렇지도 않은 것처럼 보이죠. 이성애 포르노에서 남성은 콘돔을 바꿔 끼거나 성기를 씻는 과정도 없이 질 삽입과 항문 삽입을 연달아 시도합니다. 현실에서 이랬다가는 여성이 요도염이나 기타 염증을 앓을 위험이 있습니다.

포르노는 섹스하는 법을 알려주지 않습니다. 게다가 포르노 영화 속에서는 비슷비슷한 행위가 반복되기 때문에 성 경험이 없는 젊은 사람은 실제 섹스도 저래야 한다고 착각하곤 합니다. 섹스를 원래 저렇게 하는 게 아니라면 그렇게 많은 포르노 배우들이 늘 똑같은 행위를 보여줄 리가 없다고 생각하는 거죠.

한번은 성교육 수업을 마치고 난 후, 리자라는 여학생이 저를 찾아와 자기 남자친구에 대해서 상담했습니다.

"둘이 처음 같이 잤을 때 걔가 포르노를 너무 많이 본 것 같다는 생각이 들었어요. 자기가 영화에서 봤던 체위를 따라 하려고 하는 것 같더라고요. 참다 못해 결국은 한마디 했죠. 섹스는 네가 무엇무엇을 할 수 있는지 보여주는 쇼가 아니라고요. 섹스는 둘이서 하는 건데 걔는 자기에게만 집중하더라고요."

포르노 영화를 본다고 해서 배우들이 하는 행위를 따라 할 필요는 없습니다. 포르노도 현실적인 눈으로 볼 수 있어야 합니다. 가령, 상대가 빨아주자마자 성기가 황소처럼 불끈 일어서는 남자 배우는 촬영 전에 비아그라를 먹었을지도 모르죠. 황홀한 듯 정신없이 신음하는 여자 배우는 사실 속으로 빨리 촬영을 끝내고 담배나 한 대 피웠으면 좋겠다고 생각하고 있을지 모릅니다. 그 사람들은 일을 하고 있는 거예요. 섹스를 즐기는 것처럼 보이게 하는 게 그들의 일이죠.

## 연습: 환상을 탐색해봅시다

포르노를 즐겨 보는 편이라면 이렇게 한번 해보세요. 자신은 어떤 것에 성적으로 가장 흥분되는지 단편소설의 형태로 써보세요. 처음부터 끝까지, 세세한 부분까지 모두 포함해서 글로 써야 합니다. 글이 완성됐으면 여러분이 평소에 보는 포르노와 한번 비교해보세요. 어떤 부분이 비슷하고 어떤 부분이 다른가요? 포르노와 여러분의 환상이 확연히 다르다면 좋은 걸까요, 나쁜 걸까요? 한번 생각해보세요.

## 포르노를 보는 게 창피해?

마이클이라는 친구는 포르노를 보면 창피한 기분이 든다고 하더군요.

"가끔 다운로드받아서 컴퓨터로 보거든. 처음에는 좋았어. 하지만 '현타'가 올 때도 많아. 뭔가 밑바닥까지 떨어진 기분이 들고 나자신이 싫어져. 그런 영화 속에서 남자들이 여자들에게 하는 짓을 보면 평소 내 가치관과 하나도 맞지 않아서 구역질이 나."

이 감상은 별난 게 아닙니다. 수치심을 피하고 싶다면 현실과 환상을 혼동해서는 안 됩니다. 여러분이 집단 강간을 현실에서 극도로 혐오할지라도 영화 속에서 연출된 장면을 볼 때는 흥분할 수 있습니다. 포르노는 연출된 것이고 배우들은 연기를 하고 있다는 사실을 잊지 마세요.* 중요한 것은, 여러분이 현실에서 포르노와는 다

---

**남자들이 인터넷에서 포르노를 보는 이유**

68퍼센트, 자위를 하느라.

63퍼센트, 성적 흥분을 얻으려고.

46퍼센트, 긴장을 풀기 위해.

28퍼센트, 단순한 호기심에서.

23퍼센트, 섹스에 대해서 더 알고 싶어서.

12퍼센트, 파트너에 대한 성욕을 더 자극하려고.[6]

---

* 포르노에서는 금기된 상황(근친상간, 집단 강간, 폭력 행위 등)을 에로틱한 소재로 사용하곤 합니다. 우리는 누구나 그 행위들이 잘못되었으며 문제가 있다는 것을 압니다. 그런데 포르노가 만든 환상 속에 계속 빠져들다보면 문제를 인식하는 능력이 저하됩니다. 결과적으로 환상과 현실을 구분하기가 어려워지는 것이죠.

른 성생활을 하는 겁니다.


## 도와줘요, 중독됐어요!

자기가 인터넷에서 포르노를 너무 많이 보는 것 같다고 생각하는 남자들이 많습니다. 하긴, 클릭 한 번으로 지루한 일상을 벗어나 여러 가지 의미에서 극단적인 흥분의 세계로 빠져들 수 있으니 그럴 만도 하지요. 게다가 골라 볼 수 있는 포르노가 많아도 너무 많으니 쉽게 만족하겠습니까? 더 끝내주는 영상이 있을지도 모르는데 왜 이 영상 하나만 들여다보고 있겠어요? 그러다 보니 점점 더 많은 포르노를 금세 섭렵하게 됩니다.

일단 한 번 봤던 포르노는 더 이상 자극적으로 다가오지 않습니다. 처음에는 새롭다 느껴도 두 번째 보면 흥미가 벌써 떨어지고 세 번째 보면 다시는 보고 싶지 않지요. 그래서 새로운 자극을 찾아 전에 본 적 없는 다른 포르노를 보게 됩니다. 〈여친과의 뜨거운 밤〉을 보다가 30분 후에는 자기도 모르게 〈일곱 난쟁이를 상대한 백설공주〉를 보고 있게 되는 거죠. 그러다 문득 정신이 듭니다. 내가 왜 이걸 보고 있지?

어떤 사람은 자기 자신에게 화가 나고, 또 어떤 사람은 자기가 포르노 중독인가 보다 걱정을 합니다. 그렇다면, 나의 성생활에 포르노가 꼭 필요한지 생각해보세요. 필수사항은 아니니까요. 포르노 없이도 성생활을 즐길 수 있는 방법은 많이 있습니다.

# 포르노를 너무 많이 봐서 큰일이다 싶다면?

1. 포르노를 볼 때마다 어떤 기분이 드는지 기록하는 일지를 만드세요. 포르노를 보기 직전의 기분은 어땠나요? 흥분됐나요, 피곤했나요, 슬펐나요, 외로웠나요? 포르노를 보고 난 후의 기분은 또 어땠나요? 만족감이 들었나요, 오히려 좌절감이 들었나요?

2. 일지를 써나가다 보면 자기가 주로 어떤 상황에서 포르노를 찾게 되고 그 후에는 어떤 감정이 드는지 알 수 있을 거예요. 이제 그런 상황에서 포르노를 보는 대신 다른 어떤 일을 할 수 있을지 목록을 한번 만들어봅시다. 친구에게 전화하기, 도서관에 공부하러 가기, 산책, 악기 연주 배우기, 방 청소 등 여러 가지가 있을 겁니다.

3. 포르노가 보고 싶어지는 상황이 됐을 때, 포르노를 봐도 기분이 개운치 않을 것 같으면 2에서 작성한 목록 중 어느 한 가지 활동을 해보세요. 일지에는 그 활동을 하고 난 후의 기분을 적어두세요. 이 일지의 목적은 포르노를 끊는 게 아닙니다. 포르노를 보고 난 후에 찜찜한 좌절감을 느끼는 횟수를 줄여 포르노를 가끔 볼 때의 쾌감을 지키는 게 목적이죠.

# 남성성

남자들에 대한 책을 쓰면서 남성성을 말하지 않기란 불가능하죠. 남성성은 일단 남성이 여성과 구분되는 바로 그 점입니다.

길에서 어떤 청소년을 마주치고는 '음, 남자애구나'라고 생각했다 칩시다. 벗은 몸을 본 것도 아니고 성기를 본 것도 아닌데 왜 그런 확신이 들었을까요? 상대에게서 '나는 남자다'라는 의미의 신호들을 포착했기 때문입니다.

이러한 인상은 여러 방식으로 표현될 수 있습니다. 몸매와 살갗을 잘 드러내지 않는 옷차림 또는 덜 하얗거나 가무잡잡한 피부색에서 그런 인상을 받았을 수도 있고요. 화장을 하지 않았다든가, 머리가 짧다든가, 다리털이 있다든가 해서 그렇게 생각했을 수도 있어요.

외모뿐만 아니라 태도도 중요합니다. 상대의 행동 방식도 인상을 좌우합니다. 반드시 그런 것은 아니지만 빠른 걸음, 다리를 쩍 벌리고 앉는 자세, 저음의 목소리 등도 남성성의 표시가 될 수 있습니다. 보는 사람의 관점도 많이 개입합니다. 승마보다 축구가 더 남성적이다, 남자는 남들이 보는 앞에서 잘 울지 않는다, 슬퍼하는 사람을 위로하는 것보다 경쟁에서 이기는 것이 더 중요하다 등 사람마다 평소 생각하는 바가 있을 겁니다.

남성성에 대한 일반 관념에는 이 모든 것이 개입합니다. 달리 말하자면, 남성성은 암묵적 규칙들의 체계인데 그 규칙들의 근거가 확고한 진리가 아니라 지역, 교육기관, 연령에 따라 달라진다는 게 문제죠.

## 문화의 일부

남성성과 여성성은 일견 명확해 보여서 선천적 특성, 다시 말해 우리가 태어날 때부터 지니고 있는 속성처럼 생각하기 쉽습니다. 하지만 남성성, 여성성은 엄밀히 말해 유전자나 천성과 무관합니다. 게다가 남성성과 여성성을 바라보는 우리의 시각은 연령과 경험에 따라 쉽게 변합니다. 요컨대, 유전으로 결정되는 것이 아닙니다.

　지금은 여자가 바지를 입는 걸 아무도 이상하게 여기지 않습니다. 하지만 불과 100년 전만 해도 바지를 입은 여자는 흉측하다고 펄쩍 뛰었지요. 마찬가지 맥락에서, 지금은 남자가 무대에서 기타를 쳐도 이상하게 여기기는커녕 멋있다고들 합니다. 하지만 원래 기타는 여성들만 치던 악기였어요.

남자들이 겉으로 풍기는 인상이 그들이 속으로 느끼는 감정과 반드시 일치하지는 않습니다. 남자 3명 중 2명은 상처를 받거나 슬픔을 느낄 때 전혀 내색을 하지 않는다고 합니다.[7]

　200년 후 사람들이 여러분이나 제 사진을 보면 이렇게 외칠지도 모르죠. "와, 이 시대는 왜 이러고 다녔냐! 남자 패션에 대한 개념이 없었나 봐!"

이처럼 해석이 금세 달라지는 이유는 남성성 자체가 구성의 산물이기 때문입니다. 남자답다는 것, 여자답다는 것은 개인의 견해, 사람들이 지어낸 것에 속합니다. 남성성과 여성성은 문화의 일부입니다. 음악이 문화의 일부인 것처럼 말이죠. 반세기 전에는 라디오에서 재즈, 록 음악이 주로 나왔지만 지금은 팝, 일렉트로, 힙합이 주로 나오잖아요. 음악 취향이 시대에 따라 변하듯 남성성과 여성성에 대한 생각도 변하는 겁니다.

남성성이 유전적 특성이 아니라 문화적 구성물이므로 여러분은 선택을 할 수가 있습니다. 어떤 형태의 남성성을 취할 것인지 본인이 결정할 수 있다는 얘기죠. 다른 남자들 대다수가 취하는 외모와 태도를 따라갈 수도 있고, 여러분 자신의 개성을 만들 수도 있습니다.


## 남자들끼리가 더 문제

집단이 규정하는 남성성을 따르느냐 마느냐가 현실에서 그렇게 간단한 문제는 아닙니다.

마티아스에겐 늘 같이 지내는 친구들이 있었습니다. 이 패거리는 서로 무슨 문제가 생길 때마다 격려와 도움을 아끼지 않았죠. 하지만 농담을 빙자해서 친구에게 불쾌감이나 상처를 주는 말도 많이 했습니다. 하루는 제가 물어봤습니다.

"고등학생이 학교에 분홍색 바지를 입고 오면 뭐라고들 할까요?"

"조용히 지나가진 않을걸요. 계집애가 됐다, 게이 아니냐 떠들어

대겠죠. 진짜 게이가 아니란 걸 알면서도 말이에요."

그 친구들은 사이가 좋았지만 지나치게 허물이 없는 나머지 서로를 막 대하고 있었습니다.

"사실 그게 좀 그래요. 친구들이랑 저랑 매사에 의견이 같을 순 없는데 그런 얘기를 편하게 할 수가 없어요. 친구들하고는 말할 수 없는 얘기가 있죠. 제가 말해봤자 걔들이 이해할 리도 없고요."

마티아스와 그 친구들 같은 경우는 아주 많습니다. 패거리가 이러이러한 게 남자답다고 정해버리면 여기에 도전하는 개인은 비방을 당하기 십상이죠. 하지만 비방을 하던 사람들도 그 집단의 기준에 못 미치는 때가 언제고 올 수 있고, 결국 부메랑을 맞게 될지도 몰라요.

---

남자 고교생의 절반은 한 해 동안 적어도 한 번 이상은 '호모나 게이' 유의 욕을 먹는다고 합니다. 이렇게 특정 부류로 묶여버리는 위험 때문에 남자들은 대부분 집단이 정한 남성성의 기준을 따르려고 하지요.[8]*

---

내가 원하는 유형의 남성성을 선택할 수 있으려면, 나 역시 내가 생각하는 남성성을 기준으로 남을 비판하지 않고 열린 자세를 취하

---

\* 게이는 동성애자를 의미하는 말이에요. 그런데 이성애 중심 사회에서 만들어 놓은 '남성성'에서 벗어나는 사람들을 게이라고 말하기도 해요. 일반적인 단어가 상황에 따라 혐오 표현이 되는 거죠. 때때로 우리는 이성애 중심 사회, 남성 중심 사회 안에서 남성으로 인정받기 위해 다양한 행동을 강요당합니다. 그중 하나가 '여성스럽다' 여겨지는 것들을 해서는 안 된다는 거예요. 이러한 문화는 사람들의 다양성을 인정하지 않고, 사회적 약자를 향한 폭력을 만들어낸다는 문제가 있지요.

는 것이 중요합니다. 지배적인 남성성, 사회에서 주도권을 쥐고 있는 남성성에서 벗어나야 합니다.


## 우리의 성장을 방해하는 것

만약 나무 묘목을 유리병에 넣어 키운다면 어떻게 될까요? 나무가 유리병의 크기나 높이만큼만 자랄까요? 유리병의 모양에 맞춰서 성장할까요? 여러분은 이미 답을 알고 있습니다. 나무는 시간이 지남에 따라 유리병을 뚫고 나와 자유롭게 뻗어나갈 겁니다.

성별 고정관념은 젠더 박스(Gender Box)라는 틀을 만들고, 우리에게 그 박스에 맞춰야 한다고 강요합니다. 만약 여러분이 자신의 욕망을 외면한 채 다른 사람들이 지시하는 남성적 태도만을 따른다면 젠더 박스에서 벗어날 수 없을 거예요.

청소년기는 인간적 성장에 중요한 시기입니다. 저를 포함해서 많은 이들이 이 시기에 친구, 옷 입는 방식, 관점들이 변했고 그 후 정말로 자기 사람이라고 부를 수 있는 이들을 찾았습니다. 그러므로 남성성에 대한 편견에 얽매여 이 시기에 다양한 경험을 해보지 않는 건 어리석은 일입니다. '난 저런 옷 안 입어, 난 저런 애랑은 친구가 될 수 없어, 난 이건 못해, 난 저건 못해'라고만 생각하면 성장할 수 없습니다. 지배적인 남성성은 나무를 가둬놓은 유리병과도 같습니다. 그러한 남성성은 자기만의 모양대로 자연스럽게 성장하는 것을 방해합니다.

그러한 남성성의 또 다른 위험은, 감정을 표출하기 힘들다는 것입니다. 이 유리 감옥을 깨뜨리지 않고 감정을 속에 묻어만 둔다면, 여러분의 애정 생활은 결국 불행해질 수밖에 없습니다.

내면의 목소리에 귀를 기울이세요. 자기 본연의 모습에 만족하며 사는 게 훨씬 중요합니다. 다른 사람들이 어떻게 생각하느냐는 그 다음 문제예요.


## 힘의 불균형

남자들의 집단은 사회에서 특별한 위치를 차지합니다. 사실상 소녀와 여자보다 소년과 남자에게 더 큰 권력이 있으니까요. 남자면 다 권력이 있다는 말을 하려는 게 아니라, 남자 전체 집단과 여자 전체 집단을 비교하면 분명히 전자에게 더 큰 권력이 가 있다는 얘깁니다.

중학교와 고등학교에서 권력은 누가 학급의 우두머리가 되느냐, 누가 새치기를 하느냐, 누가 축구나 농구를 하겠다고 운동장을 전세 낸 듯 독차지하느냐로 표현됩니다. 또한 누가 상대의 동의 없이 신체적 접촉을 가하느냐, 누가 누구를 보란 듯이 괴롭히느냐로 표현되기도 하고요.

따라서 집단 효과가 수립하는 특정 유형의 남성성은 힘의 불균형을 낳습니다. 집단으로 몰려다니는 남자애들의 눈에는 타인을 모욕하는 행위, 이를테면 남자애 한 명을 구타한다든가, 싫다는 여자애를 괴롭힌다든가 하는 짓이 남자답게 보일지도 모릅니다. 요컨대, 타인에게 힘을 행사하고 그런 식으로 행동해야만 '진짜 남자'라고 느낄지도 모르죠.

하지만 저는 남자들이 소위 남성성을 수호하려면 집단 효과에서 비롯된 행동들과 거리를 두어야 한다고 봅니다. 폭력, 위협, 따돌림, 일방적 신체 접촉 시도, 섹스와 젠더와 성적 지향을 건드리는 욕설(친구를 '호모', '걸레', '창녀', '레즈'라고 부른다든가)이 다 그런 행동들이지요.

---

사회에서 규정하는 남성성이 연애를 힘들게 하고 커플 관계를 껄끄럽게 할 수도 있습니다. 가족 치료를 받으러 오는 네 커플 중 한 커플은 젠더 역할 수행에서 비롯된 문제를 겪고 있다고 합니다.[9]

---

2

# 여자들

# 몸

· · ·

이제 길잡이를 따라서 여성의 몸을 탐색해봅시다.

남자를 좋아하는 남자는 이 장을 건너뛰어도 된다고 생각한다면, 오산입니다! 잠자리를 함께하든 그렇지 않든 인류의 절반이 어떻게 생겼는가를 아는 것은 중요하죠.

여러분이 벌거벗은 여자 옆에 역시 벌거벗은 채로 누워 있다고 상상하세요. 여러분의 손가락이 그 여자의 윗입술에 닿습니다. 남자가 수염이 나듯 여자도 입술 위에 솜털이 난다는 것을 알았을 겁니다. 손가락으로 뺨을 훑어내리다가 목울대에서 멈춥니다. 남자의 '아담스 애플'에 해당하는 혹 같은 것이 느껴지지요? 남자의 것처럼 눈에 확 띄진 않지만 여자에게도 목울대가 있습니다. 사춘기부터 여자의 몸에도 소량의 테스토스테론이 분비되는데 그 영향으로 목울대가 발달합니다.* 앞에서 남자의 몸에도 소량의 에스트로겐이 분비된다고 했지요? 비슷한 겁니다. 테스토스테론은 또한 변성기를 불러옵니다. 이 호르몬이 분비되면 목소리가 낮아지는데 여성은 테스토스테론이 소량만 분비되기 때문에 남성에 비해 그렇게까지

---

* 가수들 중 목소리가 저음일수록 울대뼈가 튀어나오는 걸 볼 수 있어요. 이것은 성별에 상관없이 나타나는 현상이에요. 반대로 남성임에도 미성을 가진 가수를 보면 울대뼈가 보이지 않는 걸 발견할 수 있습니다. 이렇듯 개개인마다 다르지요.

목소리가 확 달라지지 않습니다.

이제 손을 가슴으로 가져갑니다. 남자처럼 무성한 털은 없지만 여자의 가슴골에도 솜털은 있습니다. 가슴을 잘 관찰해보면 좌우 모양이 완벽한 대칭은 아니고 크기도 어느 한쪽이 다른 쪽보다 큽니다. 가슴의 모양과 크기는 사람의 신진대사에 따라서 다릅니다. 그래서 남자도 가슴이 나오기도 하지요. 대개는 피하지방의 양이 가슴 크기에 영향을 줍니다.

남자든 여자든 성장기에 살에 불그스름한 띠 같은 것이 생겼다가 나중에 희끄무레해지는 경우가 있습니다. 이러한 '튼살'은 신체 어느 곳에나 생길 수 있지만 주로 허벅지, 엉덩이, 여성의 가슴에 잘 생기지요.


## 다리 사이

탐색을 계속해봅시다. 손가락을 여자의 배꼽에서 출발하여 하복부로 쭉 가져갑니다. 남자의 치골처럼 여자의 치골에도 유독 털이 무성하게 자라는 부분이 있습니다. 허벅지 쪽으로 좀 더 내려갑시다.

손바닥으로 치골을 부드럽게 쓸어보면 이 부분이 봉긋하니 솟아 있다는 것을 느낄 수 있습니다. 좀 더 아래쪽, 남성으로 치면 음경 뿌리가 위치하는 쪽은 갈라져 있습니다. 이 부분을 만지면 뭔가 진주알 같은 것이 만져집니다. 여성의 성기는 외부 기관과 내부 기관으로 이루어져 있습니다. 일단 바깥쪽부터 살펴봅시다.

이 바깥쪽을 음순이라고 부르는데요. 약간 불룩하게 튀어나온 피부조직에 둘러싸여 있습니다. 주름이 잡혀 있고 털이 나 있는 이 부분을 대음순이라고 합니다. 대음순은 남성 성기의 포피와 비슷하게 보호와 윤활 작용을 합니다. 대음순을 벌리면 소음순을 볼 수 있는데 소음순은 대음순과 달리 점막으로 되어 있고 털이 없습니다.

소음순의 위쪽에 아까 말한 진주알 같은 것, 즉 음핵(클리토리스)이 위치합니다. 여성의 음핵은—귀두를 포피가 감싸고 있다는 점에서—남성의 음경을 연상시킵니다. 음핵은 성적 흥분 시 몸 안쪽에 위치한 음핵 몸체가 부풀어 오르며 발기합니다. 그러나 음핵 귀두는 음핵 포피 안쪽으로 들어갑니다. 음핵에는 8천 개 이상의 감각 세포가 있어서 직접적인 접촉은 너무 자극적일 수 있습니다. 그래서 음핵은 스스로 포피 안으로 들어가 간접 자극을 통해 성적 만족을 느낍니다. 음핵에 대해서는 뒤에서 다시 자세히 다루겠습니다.

소음순을 벌리면 두 개의 입구가 있습니다. 위쪽에 있는 것이 요도구입니다. 잘 보이지 않을 수도 있습니다. 그도 그럴 것이, 요도구는 아주 작아서 손가락으로 만져지지 않습니다. 그러니까 음경을 실수로 집어넣을까 봐 걱정할 필요는 없습니다.

그 아래쪽에 좀 더 확실히 보이는 두 번째 입구가 질입니다. 질부터는 여성 생식기의 내부 기관들이 나오지요. 간혹 '질'을 여성 성기 전체를 가리키는 용어로 쓰는 사람들이 있는데, 그건 언어의 잘못된 사용입니다.

여자가 성욕을 느끼지 못할 때는 질벽이 꽉 닫혀 있습니다. 이때는 손가락만 집어넣어도 여자가 아파하기 때문에 절대 뭔가를 하려해서는 안 됩니다. 여자가 성적으로 흥분했다면 손가락이 부드럽게

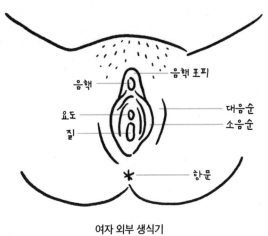

음핵 포피

음핵

요도

질

대음순

소음순

항문

여자 외부 생식기

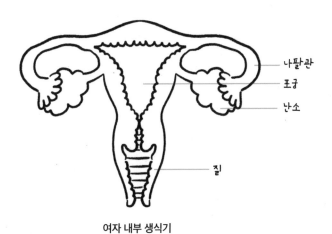

나팔관

포궁

난소

질

여자 내부 생식기

들어갈 겁니다. 이때 질은 방향이 비스듬한 통로 상태가 되는데 이 10센티미터 남짓한 통로는 포궁 경부와 이어져 있습니다. 손가락으로 쓸어보면 질벽은 균일하지 않고 축축하게 젖어 있다는 것도 느낄 수 있을 겁니다. 그렇지만 질은 여자가 흥분하지 않았을 때도―흥분했을 때만큼은 아니지만―습한 상태로 유지됩니다.

**흥분 상태에서 여성의 성기는 이렇게 변합니다**

· 여자도 발기를 합니다. 다시 말해, 여자도 흥분을 하면 피가 성기로 쏠립니다. 음핵이 커지고 단단해집니다. 소음순도 커지고 벌어집니다.

· 질에서 질 분비액이 나와서 질 주변이 축축해집니다.

· 질이 깊어지고 벌어집니다. 질 근육이 그만큼 이완되기 때문이지요. 또한 질이 부풀어 올라서 쿠션을 댄 것 같은 느낌이 납니다.

· 위와 같은 조건이 모두 갖춰졌어도 여자가 성욕을 느끼지 않았을 수 있습니다. 여자도 남자처럼 성욕과 무관하게 발기가 일어나기도 하거든요.

성관계 빈도는 질의 크기에 전혀 영향을 주지 않습니다. 경험이 많은 여자는 거기가 '느슨해진다'는 말은 사실이 아닙니다. 그렇지만 질 근육이 긴장해 있으면 여자가 섹스할 마음이 없는 거라고 생각해도 좋습니다. 그럴 때는 모든 종류의 삽입을 피하고 일단 상대의 욕구를 불러일으키려는 노력부터 해야 할 겁니다.

음경처럼 여성의 음순도 다른 신체보다 색이 진한 편이고 주름이 많습니다. 남자마다 음경이 다 다르게 생긴 것처럼 여성의 음순도 사람마다 다르게 생겼습니다.

## 여성 사정

남자가 사정을 할 때는 정액이 어느 시점에서 갑자기 단속적으로 쏟아져 나옵니다. 여자도 오르가슴 직전에 희끄무레한 액체를 요도에서 분출합니다만, 오르가슴을 느낄 때마다 이러한 현상이 일어나는 것은 아닙니다. 게다가 워낙 소량이라서 본인도 모르고 넘어가기도 하고요. 그렇지만 이 액체가 컵에 받을 수 있을 만큼 다량으로 분수처럼 뿜어져 나오는 여자도 있습니다. 이런 유의 오르가슴은 비정상이 아니며 단지 표출되는 방식이 다를 뿐입니다. 다만, 이런 경우는 매우 드문데 포르노에서는 마치 모든 여자가 가능한 것처럼 보여줍니다. 포르노 속 여성 사정은 만들어진 것입니다.

　과거에는 이러한 현상을 여자가 오줌을 싸는 것이라고 생각했습니다. 하지만 그렇지 않습니다. 요도를 통해서 액체가 분출되기는 하나 이 액체는 소변이 아니고 물에 훨씬 더 가깝습니다. 게다가 이 분비액은 방광과 질 사이, 남자로 치면 전립선에 해당하는 요도측선(스케네선)에서 나옵니다. 남자는 제법 큰 하나의 전립선이 있는데

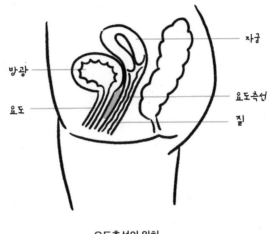

**요도측선의 위치**

여자는 요도를 감싸는 형태의 작은 선들을 가지고 있는 것이지요. 여성 사정은 요도를 통해 나오는 경우 외에 질 분비액이 다량으로 흘러나오는 경우도 포함됩니다.

## 남자와 여자의 닮음

여성 성기의 해부학적 구조를 처음 파악했을 때 충격을 좀 먹었습니다. 다 처음 보는 데다 명칭도 복잡하고 기능도 잘 몰랐으니까요.

> 흥분하지 않은 상태에서는 음핵이 음경보다 더 깁니다. 음핵의 대부분이 몸속에 위치해 있어서 우리가 그 크기를 잘 모를 뿐이지요.

 그렇지만 여성의 성기가 사람들이 흔히 주장하는 것만큼 신비스

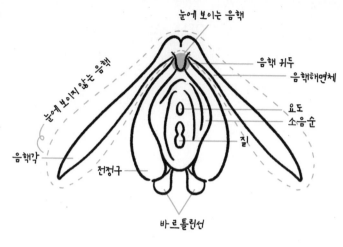

음핵(클리토리스)의 구조

럽고 불가해하지는 않습니다. 포궁에서 수정란이 배아로 처음 형성될 때는 성별 구분이 없습니다. 그리고 성기가 발달할 때 초기 모습은 여성과 남성이 같은 모습을 하고 있지요. 여성의 성기와 남성의 성기는 상동기관입니다. 여러분이 여자의 몸을 좀 더 쉽게 이해할 수 있도록 그 대응 관계를 표로 만들어보았습니다.

| 남성 생식기 | 여성 생식기 |
|---|---|
| 음경 | 음핵 |
| 음경 귀두 | 음핵 귀두 |
| 포피 | 포피와 소음순 |
| 음낭 | 대음순 |
| 고환 | 포궁과 연결된 난소 |
| 전립선 | 요도측선 |

# 이상(화)

여자들은 어려서부터 더 착해져야 한다, 더 예쁘게 가꾸어야 한다는 압박을 오랫동안 받으며 성장합니다. 때로는 굉장히 직설적으로 그런 메시지를 전달받기도 하지요. 가령, 여성 잡지는 다이어트와 성형수술을 아무렇지 않게 권합니다. 때로는 아주 은근하게 그런 압박을 주기도 하고요.

수영복을 예로 들어봅시다. 수영복 하의 부분은 대개 삼각형 팬티 모양이죠. 여성이 수영복을 입고 등장하는 광고에서 치골의 털이 한 가닥이라도 보이던가요. 마치 그곳의 털은 비키니 라인에 딱 맞게 삼각형으로 자라기라도 하는 것처럼 말이죠! 이렇다 보니 여자는 광고 모델이 아니어도 수영복 입을 일이 있으면 털이 삐져나오지 않게 제모나 왁싱을 합니다. 여자에게 그런 광고들이 다음과 같은 메시지를 암묵적으로 전했기 때문이죠. '넌 털이 너무 많아. 사회에서 원하는 여자의 이미지에 맞추려면 너의 신체에 수정을 가해야 해.'

이상은 여자들이 크게 노력하지 않아도 도달할 수 있는 자연스러운 현상처럼 제시되곤 합니다. 또 다른 예를 들어볼까요. 영화 속에서 여배우는 아침에 잠에서 막 깬 모습일 때조차 머리 손질과 화장이 완벽합니다. 여자들은 원래 그렇게 잘 가꾸어진 모습으로 태어난다는 듯이요!

"진짜 여자로 인정받으려면 여자들에게만 적용되는 까다로운 기준을 충족해야 해." 제 친구 요한나는 이런 말을 한 적이 있지요.

다시 말해, 외모를 가꾸지 않는 여자, 머리 손질이나 화장을 하지 않는 여자는 여자답지 못하다는 딱지가 붙을 위험이 있다는 겁니다. 짚고 넘어갑시다. 머리 모양이나 화장 그 자체를 문제 삼는 게 아닙니다. 남자든 여자든, 자기가 하고 싶으면 하는 거죠. 단순하게, 그런 몸단장이 내 욕구, 내 욕망에 부합하는가만 생각하면 됩니다. 문제는요, 애초에 선택의 여지가 없다고 느끼는 여자들이 너무 많다는 겁니다. 소위 '이상적 여성'의 무게가 너무 크기 때문에 사회가 정해놓은 기준을 따라가지 못해서 힘들어하는 여자들이 얼마나 많은지요.

땀을 흘리면 안 되고, 여드름이 있어도 안 되며, 늙어서도 안 되는 이 불가능하고 비인간적인 기준을 만족시킬 수 있는 여자는 세상에 없습니다. 여러분이 어떤 여자가 이상에 부합하지 않는다는 이유로 나쁘게 말한다면, 그 여자는 결코 자신의 본모습을 드러내지 못할지도 모릅니다. 이때에는 이상이 여자를 깊이 알 수 없게끔 차단하는 벽이 되고 맙니다. 이상화란 그런 겁니다.


## 여성의 성기에 대한 억압

여성의 성기가 어떻게 생겼는지 떠올려보세요. 혹시 집 근처에 나체의 여성을 표현한 조각상이 있습니까? 그렇다면, 이를 나체의 남성상들과 비교해보세요. 남성의 조각상은 음경과 고환이 표현되어 있지만 여성의 성기는 지워져 있습니다. 음순을 제대로 구현하지 않고 그냥 밋밋하게 처리하곤 하죠.

이제 슈퍼마켓의 월경용품 진열대로 가보세요. 팬티라이너나 일회용 월경용품은 대개 향이 입혀져 있습니다. 메시지는 명확하죠. 여성의 성기는 냄새가 나선 안 된다. 혹은, 향수 같은 인공적인 향기를 풍겨야 한다. 반면, 스포츠 용품점에 가서 격투기용 낭심 보호대를 찾아보세요. 남성의 성기에 착용하는 이 물건에서 계피 향이나 꽃향기가 나던가요? 꿈에도 그런 일은 없을 겁니다.

---

"일요일은 가장 여성적이지 않은 날이다. 샤워도 하지 않고, 머리도 빗지 않고, 다리털을 밀지도 않는다. 늘 여성이어야 한다는 것이 얼마나 성가신지. 늘 그러고 싶은 마음도 없고 여력도 없다. 때때로 여성성이고 나발이고 내팽개칠 필요가 있다."[10]

---

포르노 산업에서는 여성의 성기에 대한 비하가 한층 더 심각합니다. 앞에서도 언급했듯이 포르노 여배우들은 화면에 좀 더 매끈하고 균일한 성기를 드러내기 위해서 대음순을 몇 센티미터 봉합해서 줄여버리는 수술도 받습니다.

여성의 성기에 대한 억압은 모두에게 비극적인 결과로 돌아옵니다. 남자들은 자신과 다른 성을 잘못 알거나 착각한 채 살아가고, 여자들은 자신의 몸을 사랑하는 법, 섹스에서 쾌감을 얻는 법을 배우지 못하니까요. 이제는 달라져야 합니다. 광장과 거리의 조각상에도 여성의 성기를 다 드러내고, 우리 모두 본래 모습 그대로가 좋다고 느낄 수 있어야 합니다.

# 성생활

••••••••

카페에서 차를 마시면서 카로, 라나, 사라와 성적 욕구에 대한 얘기를 나눴습니다. 제가 청소년기에 여자들에 대해서 품었던 이미지가 기억났습니다. 당시에 저는 사회의 선입견을 고스란히 주입받은 어린애였죠. 그래서 여자들은 남자들만큼 성에 집착하지 않을 거라고 믿었습니다. 그런데 제가 여러 학교에서 성교육 수업을 하면서 확인한 바로는, 이 어리석은 믿음이 지금까지도 끈질기게 남아 있었습니다. 요즘 청소년들도 여자는 성적 욕구가 그렇게 강하지 않다고 생각하더군요. 이번 기회에 그런 편견을 끝장내야겠다 싶었습니다. 저는 친구들에게 물었습니다.

"여자도 남자만큼 못 견디게 섹스가 하고 싶고 그래?"

셋이서 한목소리로 대답했습니다.

"당연하지!"

"그렇긴 한데 사람에 따라 달라." 라나가 부연했습니다. "어떤 여자는 그 정도까지는 가지 않나 봐. 하지만 남자 중에도 그런 사람은 있잖아."

사라는 여자의 성적 욕구는 남자의 성적 욕구만큼 주목을 받지 않는다는 점이 가장 다르다고 보았습니다. 아니, 여자의 성적 욕구는 그렇게까지 고려의 대상이 아니었다고 할까요.

"여자들은 남자들처럼 그런 욕구를 표현하지 않는 것 같아. 넌 네가 묻지도 않았는데 다른 남자들에게 야동이 어쩌고 자위가 어쩌고 하는 말을 들을 때가 있잖아? 남자들은 그런 욕구를 좀 드러내는 게 바람직하다는 듯이 행동하지. 여자가 그런 식으로 행동했다가는 금세 '잡년' 소리를 들을걸?"

"맞아!" 카로가 맞장구를 쳤습니다. "남자는 '내 걸 빨아줘' 소리를 얼마든지 하지만, 여자는 그런 요구를 남자만큼 자주 하지 않을걸."

친구들이 까르르 웃음을 터뜨렸습니다.

"여자는 사랑해야만 섹스하고 싶어져?"

"음…… 뭐, 그게 제일 좋긴 하지! 하지만 애정이 없는 상대라도 욕구가 생길 수 있어. 길에서 우연히 본 가수라든가 엄청 섹시하게 생긴 남자라면 마음이 동하겠지." 라나가 대답했습니다.


## 여성의 자위
자위 얘기로 넘어가자 사라가 열다섯 살 무렵에 있었던 일이라면서 자기 경험을 들려주었습니다. 그날은 생물 수업을 남학생과 여학생이 각기 다른 교실에서 받았다는군요.

"어떤 여자애가 자기가 아는 다른 여자애가 매일 자위를 한다고, 아무래도 미친 것 같다고 그러는 거야. 그 얘기를 들은 여자애들은 전부 질색을 했지. '웩, 더러워!' 하고."

"넌 어땠는데?"

"나도 다른 여자애들처럼 역겨워 죽겠다는 듯 가식을 떨었지. 자위가 뭔지도 모르는 양 거짓말을 한 거야. 난 그때 이미 자위를 하고 있었고 그게 나쁘다고 생각하지도 않았는데 말이지. 내가 하고 싶은 말은, 여자들끼리도 그렇게 모르는 척해야 할 것 같은 분위기가 있다는 거야. 교실엔 선생님도 없었고 남자애들도 없었고 순전히 우리뿐이었는데도."

저는 사라에게 자위가 뭔지도 모른다고 하는 여자애들 말을 믿었는지 물어보았습니다.

"장난해? 난 다른 여자애들도 나와 다르지 않을 거라 생각했어. 그렇지만 확신할 수는 없었지…… 그때는 어쩌면 나에게 문제가 있는지도 몰라, 내가 비정상이야, 라는 생각도 하긴 했어."

카로, 라나, 사라는 사회가 때때로 여성의 성적 욕구라는 현실을 잘 받아들이지 못한다는 지적에 동의했습니다.

"여자들이 동화 속에나 나오는 인물 같기를 기대한다고 할까? 성에 갇혀서 왕자님이 데리러 올 때까지 기다리기만 해야 하는 공주 있잖아. 왕자님이 왕국을 가로질러 찾아와서 백마에 태우고 가야만 하는 공주. 여자가 자기 힘으로 헤쳐나갈 수 있는 상황에서도 직접 손쓰지 않기를 바라나 봐."

카로는 이렇게 말하고는 결론 내리듯 덧붙였습니다.

"사회는 우리의 욕망을 곱게 보지 않아."


## 여자가 쾌감을 얻는 법

여자도 남자처럼 여러 가지 방법으로 자위를 합니다. 보통은 음부

전체를 누르면서 쿠션 따위를 비비는 방법을 쓰고요. 포경 수술을 하지 않은 남자들이 하듯 음핵의 귀두를 위아래로 움직이는 방법도 씁니다. 여자들은 주로 음핵의 아랫부분을 누르면서 음핵 귀두를 자극하는 방법으로 오르가슴을 느낍니다. 그리고 질에 손가락이나 자위 기구를 넣는 방법도 씁니다.

그러나 성감대는 성기에만 있지 않습니다. 여자도 남자처럼 항문 주위, 배, 허벅지, 가슴을 애무하면서 쾌감을 느낍니다. 물론 사람마다 다 다르지만요!

---

음핵 귀두는 음경 귀두보다 훨씬 민감합니다. 신경이 두 배로 분포해 있거든요.

---

세 여자 친구에게 자위로 오르가슴에 도달하기가 어렵지는 않은지 물어봤더니 세 사람 모두 경험에 따라서 다르다고 대답했습니다.

"초시계로 1분이면 끝나. 하지만 때로는 오르가슴에 도달하기 전에 조금 더 느긋하게 즐기고 싶잖아. 아니면 오르가슴을 여러 번 반복하면서 시간을 더 끌고 싶을 때도 있고." 라나가 대답했습니다.

"어떤 여자들은 오르가슴을 잘 못 느낀다고 하더라. 너무 어려서 그럴 수도 있어. 나이가 들고 자기 몸과 쾌감에 대해 잘 알게 될수록 쉬워지거든."

---

평균적으로 여자들이 남자들보다 성에 더 일찍 눈을 뜹니다.[11] 여자들이 성욕이나 섹스 얘기를 대놓고 하지 않는 이유는 안 좋은 소문이 날 위험이 있기 때문입니다. 반면, 남자들은 섹스 얘기를 해도 잃을 게 없죠. 사회적으로 남자에게는 성욕이 허용되고, 여자에게는 순결을 강조하며 억압하기 때문이에요.*

---

* 우리는 성별에 따라 다른 성 문화를 경험합니다. 자신과 다른 성별의 성 문화를 직접 경험하진 못하지만, 일상에서 간접적으로 경험할 수 있습니다. "동정을 떼다"라는 말을 들어보셨나요? 남자는 성욕이 많아야 하고, 늘 섹스를 하고 싶어 해야 하고, 섹스를 잘해야 한다는 편견이 있습니다. 친구들 사이에서 섹스 경험이 많은 친구가 영웅시되는 걸 본 적 있을 거예요. 그리고 섹스 경험을 공유하는 게 자연스럽게 남자로 인정받는 방법이라 생각하지요. 반면, 사회에서 여자에게는 어떤 메시지를 보낼까요? 여러분 주변은 어떤가요? 섹스 경험이 많은 여자 친구를 보고 부러워하거나 대단하다고 말하나요? 오히려 '창녀' 혹은 '걸레'라고 비하합니다. 여러분은 이미 알고 있습니다. 우리 사회가 여성에게는 성에 있어서 순결하고 순종적이어야 한다고 요구하는걸요. 성별에 따라 전혀 다른 메시지를 듣는 것, 정말 이상하지 않나요?

# 성관계에서 피가 나지 않는다?

여성의 신체에 대한 연구는 매우 지체된 감이 있습니다. 확증된 사실보다 선입견이 더 오랫동안 위세를 떨쳤지요. 가장 진부하고도 잘 알려진 신화는 '처녀막(질주름)'에 관한 겁니다. 질의 입구를 덮고 있는 막이 여자가 처음으로 성관계를 할 때 찢어진다나요. 그래서 성관계에서 피가 보이면 여자가 처녀임이 입증된다고들 생각했지요. 그런데 처녀막이란 건 없습니다! 더 정확하게 말하자면, 앞에서 설명한 것 같은 형태나 흔히들 상상하는 형태의 질주름은 존재하지 않아요. 참고로 책의 앞부분에서도 설명했듯이, 처녀막이란 단어는 잘못된 인식을 심어줄 수 있는 표현이에요. 따라서 질주름이란 단어로 바꾸어 말하는 게 더 정확하고 바람직합니다.

첫째, 모든 여자가 질주름을 가지고 태어나지는 않습니다. 둘째, 질주름이 있어도 질의 일부만 덮고 있을 뿐 아니라, 사람마다 그 모양도 다릅니다. 동그랗거나, 길쭉하게 찢어져 있거나, 체처럼 작은 구멍이 숭숭 나 있거나 다양하죠. 셋째, 질주름은 성장 과정에서 없어질 수 있습니다. 달리기 같은 운동을 하다가 파열될 수도 있고, 자위를 하거나 탐폰을 사용하는 과정에서 역시 그렇게 될 수 있습니다. 넷째, 질주름은 혈관이 없는 조직입니다. 그러니까 질주름이 손상된다고 해서 반드시 피가 나란 법은 없어요!

> "손가락을 그 여자의 질에 집어넣었는데 손끝에서 테니스 네트 같은 뭔가가 만져졌다. 그 여자의 처녀막이었다."[12]

닐 스트라우스는 여자의 몸을 잘 몰라서 이런 글을 썼나 봅니다. 질주름은 질의 안쪽에 있는 게 아닙니다.* 손가락을 집어넣었는데 만약 질주름이 있었다면 뚫렸거나 젖혀졌겠지요. 지어낸 얘기가 아닌 이상, 다른 가능성은 없습니다.

하지만 질주름을 두고 왜 이렇게 시끄러울까요? 그 이유는 여자는 결혼해서 처음 성관계를 가질 때까지 순결을 지켜야 한다는 믿음이 오랫동안 우리 세계를 지배해왔기 때문입니다. 그래서 시대와 지역을 막론하고 여자들은 가짜 혈흔을 만들어서라도 그때까지 처녀성을 지켜오다 처음으로 성관계를 했다는 표시를 내야만 했습니다. 이 때문에 '처녀막 신화'는 끈질기게 이어졌습니다.

"하지만 여자가 순결을 잃었다는 이유로 목숨이 위험해지면 처녀막 복원 수술을 해주는 의사들도 있다던데요!" 어떤 남학생이 수업 중에 이런 말을 했습니다.

성형수술은 오늘날 별의별 것을 다 제안하지요. 하지만 이미 있지도 않고 생리학적으로 쓸모도 없는 것을 뭐 하러 복원한단 말입

---

* 질주름은 질 입구 3분의 1에 위치해 있어요. 근육으로 만들어져 있어서 늘어나기도 하고 줄어들기도 하지요. 자위나 섹스를 한다고 해서 질주름이 반드시 찢어지는 건 아닙니다. 우리 몸을 보면 근육의 두께와 강직도가 제각기 다릅니다. 다른 근육처럼 질주름이 여린 경우도 있고, 이완이 잘되고 튼튼한 경우도 있습니다.

니까? 물론, 여자의 목숨이 달린 일이라면 일부 성형외과의가 그런 일도 해줍니다. 그러나 봉합을 한다고 해서 성관계에서 그 부분이 찢어지고 출혈을 보이리라는 보장은 없습니다.

질주름을 둘러싼 신화가 여전히 살아남은 이유는 다양합니다. 우선, 이 신화는 여자가 결혼 전에 성관계를 갖지 못하게 하는 효과가 있지요. 또한 부모와 남편이 여성의 성을 통제하게 합니다. 그런데 제가 앞에서 강조했듯이 여자마다 성기의 모양은 다 다르고 질주름의 모양도 다 다릅니다. 이미 삽입 섹스를 경험한 질인지, 그런 경험이 없는 질인지 판별할 방법은 없습니다.

## 상대를 아프게 할 필요가 없다

또 다른 신화는 여자가 첫 경험 때 질주름이 찢어져서 몹시 아파한다는 것입니다. 앞에서 보았듯이 질주름은 피가 나거나 찢어지지 않고 이완될 수도 있습니다. 게다가 여자는 모두 첫 경험에서 그놈의 통증을 느껴야 할 의무라도 있나요? 남자와도 사귀어보고 여자와도 사귀어본 엘리네는 자기 생각을 이렇게 말했습니다.

"남자랑 섹스를 하면 꼭 아파야 하는 건 줄 알았어요. 하지만 제가 자위를 하면서 손가락을 질에 넣었을 때는 조금도 아프지 않았죠. 그런데 제가 왜 아파야 해요? 남자 쪽에서 잘 못해서 그런 거였을까요?"

이 신화는 아마도 여자들이 아프기만 하고 전혀 즐겁지 않은 섹스에도 만족하기를 원하는 뜻에서 유지되었을 겁니다. 이런 선입견을 추종하는 사람들은 여자들에게 섹스는 원래 그런 거라고 믿게 하고 싶었겠지요. 하지만 실제로는 그렇지 않거니와, 섹스는 여자들에게 쾌감을 주어야 마땅합니다.

## 피가 나면 안 되는 거다

질주름에서 피가 나는 게 아니면 왜 그토록 많은 여자들이 첫 관계에서 통증을 느끼고 출혈을 보는 걸까요? 대부분의 경우는, 섹스가 순조롭지 않기 때문입니다. 여자가 긴장했을 수도 있고, 아직 준비가 되지 않았다고 느꼈을 수도 있고, 진도를 지나치게 빨리 나갔을 수도 있습니다. 남자가 여자의 몸을 잘 몰라서 세심하게 신경을 쓰

지 못하고 다소 우악스럽게 밀어붙였을 수도 있고요. 상대가 아프지 않게 섹스를 하는 법에 대해서는 '7. 여자와 잔다는 것(197p)'이라는 장을 참조하세요.

그리고 상대가 그렇게까지 아프게 하지 않았어도 질벽의 주름이 구겨지거나 손상되어 피가 날 수 있습니다. 질벽은 피를 머금고 있는 점막이거든요. 그 밖에도 다른 설명이 가능하지만 여기서는 다루지 않겠습니다.

# 월경
······

부끄럽지만 이제 저한테 있었던 일을 얘기해볼까 합니다. 처음으로 여자랑 잤을 때 상대는 월경 중이었습니다. 둘이 잠자리에 들려고 하는데 여자애가 이런 말을 하더군요.

"저기, 말해둘 게 있어. 나 월경이 아직 안 끝났어. 침대 시트에 피가 묻어도 괜찮겠어?"

저는 그 자리에서 얼어붙었습니다. 머릿속에선 벌써 내일 아침 피칠갑이 된 이부자리에서 깨어나는 제 모습이 아른거렸습니다. 잠옷 바지가 피로 물든 채 살갗에 딱 달라붙을 것 같았습니다. 입에선 이미 혈액 특유의 쇠 맛이 나는 것 같았고요.

"괜찮은 거야?" 그 여자애가 잠시 후 물었습니다.

그 애는 제 표정을 보고 제가 겁먹었다는 걸 알았죠. 월경 괴물에게 겁을 먹었던 겁니다. 제가 솔직하게 걱정을 털어놓았더니 그 애는 제가 선입견 때문에 겁먹은 거라고 했습니다. 네, 맞아요. 저는 걸어 다니는 선입견덩어리였죠! 집, 초등학교, 중학교, 고등학교 내내 여자들과 어울려 생활했지만 아무도 저에게 월경에 대해서 말해주지 않았습니다. 월경 하면 머릿속에 떠오르는 이미지가 순전히 선입견들의 산물인 것도 무리는 아니었죠.

우리는 함께 잤습니다. 다음 날 아침에 보니까 침대 시트에 혈흔이 아주 조금 묻어 있더라고요.

"애개?" 제 입에서 이 소리가 절로 나왔습니다. "이게 다야?"

## 월경이라는 괴물의 역습!

여자가 아니라 남자가 월경을 한다고 상상해보세요. 남자들은 탈의실 같은 곳에서 그 얘기도 요란스럽게 떠들어댈 것이 분명합니다.

"젠장, 나 생리 터졌다! 피 엄청 나와!"

월경 이야기가 부끄러운 것처럼 여겨지는 이유는 우리가 여성의 성을 감추는 사회에서 살고 있기 때문입니다. 일회용 월경대와 탐폰 TV 광고는 절대 월경혈을 대놓고 보여주지 않죠. 물론 광고 속 상품의 용도를 모르는 사람은 없지만요! 흡수력을 보여줄 때도 월경혈 대신 파란색 액체를 씁니다.

---

월경혈의 주성분은 질과 포궁 경부의 분비물과 혈액입니다. 포궁은 축적해둔 영양소와 혈액이 필요없다고 판단되었을 때 이 물질을 몸 밖으로 내보냅니다. 월경혈은 붉은색이지만 그때그때 색이 조금씩 다릅니다. 질감도 그때그때 달라서 유독 끈적할 때가 있는가 하면 점성이 거의 없을 때도 있습니다.

---

월경과 관련된 환상도 어찌나 끈질긴지 남자들은 대부분 여자가 월경 때는 늑대인간이 보름달에 변하듯 완전히 달라진다고 생각합니다. 물론 여자는 달라집니다. 월경이 통증을 수반하는데 어떻게 그러지 않을 수 있겠어요? 하지만 여자가 화를 내는 것은 그럴 만한 이유가 있기 때문이지 월경 중이기 때문은 아닙니다. 이를테면 남자가 어떤 잘못된 행동을 했다든가 하는 정당한 이유가 있어서 화

를 내는 것이지요.

남학생들에게 월경 중인 여자와도 섹스를 할 수 있느냐는 질문을 자주 받습니다. 일단, 먼저 알아야 할 것이 있습니다. 월경 중에 여자의 몸은 많은 변화를 겪습니다. 포궁에 있는 물질을 몸 밖으로 내보내기 위해 포궁 경부(자궁 입구)가 열립니다. 또 평상시에 비해 질 내 pH산도가 낮아집니다. 이런 상황에서 섹스를 한다면 월경혈이 역류할 수도 있습니다. 그리고 질의 산도가 약해지고 포궁 경부가 열려 있어 세균 감염에 쉽게 노출되지요. 그래서 저는 월경 중에는 섹스를 최소화하는 것이 좋다고 대답합니다. 그럼에도 불구하고 서로가 섹스를 하길 원한다면, 청결에 특히 유의하고 콘돔을 꼭 사용해야 합니다.

# 3

# 사랑

# 사랑한다는 것

선생님이 칠판에 물이 가득 찬 컵 하나를 그렸습니다. 그러고는 왜 물이 가득 찼는데 넘치지 않는지 아느냐고 물었지요. 과학 시간이 었는데 교실이 쥐 죽은 듯 조용해졌습니다. 저는 선생님 말씀은 한 귀로 듣고 한 귀로 흘려보내면서 눈으로 이리저리 '특별한 그 애'를 찾고 있었지요. 하지만 그 애는 없었습니다. 특별한 그 애는 절대로 지각을 하는 법이 없으니 아파서 학교에 못 온 게 분명했지요. '그럼 당분간, 재수 없으면 다음 주까지 걔를 못 보는 거 아냐! 끔찍해!' 하지만 잘 생각해보니 저도 병이 난 것 같기도 했습니다. 머릿속은 뒤 죽박죽, 온몸이 천근만근이었으니까요. 그런데 교실 문이 갑자기 벌컥 열렸습니다. 그 애였어요! 그 애는 숨을 헐떡이면서 늦어서 죄 송하다고 하고는 의자에 털썩 주저앉았지요. 저는 언제 아팠나 싶 었습니다. 아니, 하늘을 나는 기분이었죠. 온몸에 전기가 일어나듯 짜릿한 느낌이 들었습니다.

사랑은 대단합니다. 사랑은 병도 주고 엄청난 힘도 줍니다. 사람 을 참 이상한 행동을 하게 만들고, 생사를 걸 만큼 중요한 것이 생기 게 하며, 자기를 더는 세상의 중심처럼 생각하지 않게 합니다. 사랑 에는 여러 모양새가 있습니다. 친구, 반려동물, 가족을 자기 파트너 만큼 좋아하거나 그 이상으로 여기는 사람들도 있지요. 반대로, 혼 자 살지만 지금 그대로가 좋기 때문에 파트너가 필요 없다는 사람들도 있고요. 또 낭만적이고 플라토닉한 사랑이 더 소중하다는 사람들도 있습니다.

## 멀리 있는 사람

한 번도 만나본 적 없거나 말을 나눠본 적이 없는, 혹은 아주 멀리 사는 사람을 사랑하게 될 수도 있습니다. 거리에서 우연히 눈에 띈 사람이라든가 연예인이라든가 말이죠. 이처럼 멀리 있는 사람을 사랑하면, 상처받을 걱정 없이 기분 좋은 연애 감정을 느낄 수 있다는 점은 실용적입니다.

멀리 있는 사람을 좋아하는 것은 청소년기의 특징일 뿐이고 진정한 사랑은 자기 가까이에 있는 사람과의 실질적인 관계라고 하는 사람들도 있는데요. 둘 다 사랑은 사랑이고, 멀리 있는 사람을 일방적으로 사랑하는 동시에 가까이 있는 사람과 실제 연애를 할 수도 있습니다. 어느 쪽이든 가치 판단을 내릴 이유는 없지요.

## 사랑에 대한 욕구

저도 청소년기에 사랑에 무척 목말랐던 때가 있었습니다. 연애를 하지 않고 있었지만 특별히 누군가를 찾는 것도 아니었습니다. 그보다는 애정 결핍에 가까운 상태였죠. 막연히 누군가를 사랑하고 싶었고 연애를 하고 싶었습니다.

이러한 기분은 이상한 게 아닙니다. 연애를 하면 정서 생활에 상당한 이점이 있습니다. 누군가와 함께 있고 싶고 위안을 얻고 싶을 때 그 사람을 꼭 껴안을 수도 있고, 함께 잘 수도 있고, 친구들하고는 우스워질까 봐 말할 수 없는 은밀한 얘기도 털어놓을 수 있죠.

이렇게 연애가 고픈 상황에서는 이런 생각을 자주 하게 됩니다. '왜 나만 연애 못 해? 내 어디가 좀 이상한가?' 그러나 이런 유의 생각은 아무 도움이 안 됩니다. 왜 누구는 연애를 하고 누구는 죽어라 연애를 못하는지를 합리적으로 설명할 수는 없거든요. 인물이 좋고 똑똑하고 유머 감각도 있는데 연애는 참 안 풀리는 사람들도 있습니다. 사람이 좋은 게 다가 아니죠. 만남에는 운도 따라야 합니다. 그리고 살다 보면 어느 시기에는 솔로의 삶에 만족해야만 하죠. 하지만 실망하지 마세요. 언젠가는 누군가를 만나게 될 테니까요.


## 현실의 사랑

어느 분야나 다 그렇지만 사랑도 이미지와 현실은 다릅니다. 영화에선 두 사람이 만나서 홀딱 사랑에 빠지고 서로에게 만족해하죠. 영화는 거기서 끝납니다. 그러나 현실에서는 언제나 모든 것이 행복할 수만은 없고 처음 만난 그날 사랑에 빠지지도 않아요. 과거, 방해물, 변덕은 계속해서 우리의 관계에 영향을 미치죠. 누군가와 커플이 되기 전에 가족과 문제가 있었다면 그 문제는 그대로 남아 있을 겁니다. 이는 파트너가 아니라 오직 당사자만이 풀 수 있죠.

누군가를 사랑하는 것은 결코 쉬운 일이 아닙니다. 싸우고 울고 하면서 관계를 원만하게 이어나가려고 노력하는 겁니다. 다툼은 연애가 글러 먹었다는 뜻이 아닙니다. 오히려 서로 좋아하기 때문에 다투기도 합니다. 삶에서 사랑만큼 스스로를 성장시키는 것도 없습니다. 자기가 아닌 다른 사람을 생각하는 것은 유익한 일이니까요.

# 관계 맺기

평소처럼 교실에 들어갔는데 우리 반 여자애 산드라가 빨간 장미 꽃다발을 안고 있는 모습이 보였습니다. 저는 무슨 일인가 궁금해서 산드라 옆자리에 가서 누구한테 꽃을 받았는지 물어보았죠. 우리 반 친구 조엘이 발렌타인데이라고 꽃다발을 선물했다더군요. 전 그날이 발렌타인데이라는 것도 까맣게 잊고 있었는데 말이죠.

"조금 전에 받았어. 사물함 앞에 서 있었는데 조엘이 꽃을 들고 다가오는 거야. 처음엔 나한테 주는 건 줄도 몰랐어. 조엘이 얼굴이 토마토처럼 빨개져서는 날 좋아한다고 했어. 그러곤 허둥지둥 가버렸지."

"넌 어떻게 할 건데?" 저는 눈으로 조엘을 찾으면서 물었죠. 조엘은 교실에 아직 들어오지 않았더군요.

"수업 끝나고 만나서 고맙다고 해야지. 하지만 난 그런 감정을 느끼지 않으니 사귈 수는 없다고 말할 거야."

"걔가 너 좋아하는 거 알았어?"

"아니. 우린 그냥 친구라고 생각했어……. 진짜 꿈에도 몰랐어."

저도 그랬습니다. 누구를 좋아하면 티가 나죠. 그런데 조엘은 산드라에게 특별히 관심 있는 것처럼 보이지 않았거든요.

저는 조엘이 참 용감하다는 생각이 들었습니다. 직접 꽃을 전달했을 뿐 아니라(집으로 배달시키는 방법도 있죠) 고백까지 했잖아요.

음, 작전은 좀 허술했던 것 같네요. 전혀 짐작도 못 하다가 고백을 받는다면 너무 놀라서 겁이 날 수 있죠. 어떤 사람이 불쑥 튀어나와서 여러분에게 좋아한다고 말하면 기분이 어떨 것 같나요!

## 과감하게 먼저 다가가기

말은 누군가에게 특별한 관심을 표현하는 방법입니다.

우리는 모두 각자의 작은 세계 속에서 삽니다. 학교나 파티에서 만나는 사람은 여러분이 아는 사람이거나 전에 만난 적 없는 사람이거나 둘 중 하나죠. 친구들을 보고 얘기를 나눌 때는 모르는 사람에게 관심이 가지 않을 수도 있습니다. 그 점은 남들도 마찬가지고요. 여러분이 '모르는 사람'에 속해 있다면 남들이 여러분을 주목하거나 말을 걸 일이 거의 없어요. 누군가에게 관심이 간다면 수줍음을 무릅쓰고 먼저 말을 거는 용기가 필요합니다. 먼저 다가가세요. 그 사람이 여러분에게 관심을 갖는지 아닌지는 그다음에 보면 압니다.

때로는 뭔가 구실을 만들어야 다가가기가 편합니다. 예를 들어, "네 스마트폰으로 우리 다 함께 셀카를 찍자"라고 제안하면 대화의 물꼬가 트일 수 있겠죠. 또 다른 방법은 그 사람이 속해 있는 집단에 들어가는 것입니다. 여럿이 어울려 지내다가 자신감이 생기면 그때 직접적으로 고백을 해도 좋겠지요.

## 대화의 물꼬 트기

낯을 많이 가리거나 누군가에게 말을 걸 때 긴장하는 편이라면 분위기를 편하게 만드는 몇 가지 이야깃거리를 미리 생각해두어도 좋습니다. 뭔가를 물어보는 방식으로 말을 걸면 상대가 대답을 할 테니 대화가 좀 더 쉬워질 수도 있고요. 그 사람과 내가 어떤 연결고리나 공통점이 있는지 안다면 분위기를 금세 편안하게 풀 수 있습니다. 가령, 둘이 같은 학교에 다닌다면 "너 역사 선생님이 여자애들(남자애들)만 예뻐하는 거 알아?"라고 말을 걸 수 있겠죠. 상대가 패션에 관심이 많다면 "형에게 생일 선물로 스웨트 셔츠를 하나 사주기로 했는데 뭐가 좋을까?"라고 물어봐도 좋고요. 사람에 따라 다르겠지만 "불가리아의 수도는 어디?" 같은 퀴즈쇼 같은 질문은 상대의 환심을 사려는 접근법으로는 좀 아니에요! 일단 물꼬가 트이고 분위기가 편안해지면 자기가 어떻게 보일지 신경 쓰지 않고 대화를 이어나갈 수 있을 겁니다.


## 관심의 표현

네, 꼭 여러분이 먼저 다가가라는 법은 없습니다. 상대가 적극적인 성격이라면 그쪽에서 먼저 다가올 수도 있지요. 여러분도 그 사람에게 관심이 있다면 표현을 하세요. 웃어준다든가, 눈을 바라보거나, 이 자리에서만이 아니라 좀 더 대화를 나눠보고 싶다는 뜻을 내비치세요. 그 사람이 먼저 말을 걸어줘서 기쁘다면 솔직히 그렇다고 말을 해도 좋아요. 상대가 먼저 다가왔다면 여러분은 잃을 게 없어요. 어딘가를 가야 하는 상황이라면 같이 가자고 말해볼 수도 있겠죠. 그렇지만 상대가 먼저 관심을 표현했다고 해서 여러분도 관심을 표현할 의무는 없습니다. 단지 여러분도 상대를 좀 더 알고 싶은 마음이 들면, 표현을 하라는 거죠.


## 술기운 빌리기?

술기운을 빌려서 상대에게 접근하거나 섹스까지 갔다는 남자들이 많이 있습니다. 술을 마시면 누군가에게 먼저 말을 걸거나 그동안의 감정을 고백할 용기가 나기 때문이겠지요. 서툴고, 바보 같고, 불쾌감을 주게 될 위험이 있긴 하지만요. 술을 마시고 접근하면 상대가 더 싫어하고 못 미더워할 수도 있습니다.

연애와 성생활을 장기적으로 잘 끌고 나가려면 술기운을 빌려 행동해서는 안 됩니다. 어떤 남자들은 누군가와 춤을 추거나 대화를 하려면 꼭 술부터 마시는데, 그런 사람들은 나중에 꼭 문제가 생기죠. 용기가 필요한 순간마다 술부터 찾게 되니까요. 이러한 함정에 빠지지 마세요. 특별히 관심을 두는 사람과는 적어도 관계가 시작된 후에는, 술 없이 함께 시간을 보내세요. 대화도 더 매끄럽게 흘러가고 섹스도 더 즐거울 거예요. 다시 말해, 술기운을 빌리지 않으면 파트너를 더 잘 알게 됩니다. 취했을 때보다 이성적인 판단을 내릴 수 있고요.

## 서로 알아간다는 것

그 사람과 가급적 많은 시간을 함께 보내세요. 나와 상대의 주파수가 잘 맞는지 알 수 있는 방법은 그것뿐입니다. 마음이 내키지 않는데 억지로 만날 필요는 없지만 기회가 되는데 괜히 뺄 필요도 없죠. 그 사람이 다른 친구들과 어디로 놀러 가거나 영화를 보러 간다고 하면 같이 가도 되는지 물어보세요. 하지만 서로를 알아가려면 둘만 만나는 게 가장 좋아요. 처음에는 함께 버스를 기다린다든가, 뭔가를 사러 상점에 간다든가, 그런 평범하고 부담 없는 일을 함께 하는 게 좋아요.

하지만 성격 좋은 '남사친'의 함정에 빠지지 않도록 주의하세요! 여러분이 상대에 대한 관심과 바람을 애매하게 표현하면 이런 상황에 빠지기 쉬워요. 결국 여러분이 원하는 그 사람은 여러분을 친구 이상으로는 생각하지 않게 되지요. 일단 그렇게 되면 상황을 바꾸기가 어려워져요. 그러므로 거절당할 위험을 무릅쓰고서라도 관심을 분명히 표현해야 합니다.

가장 간단한 방법은 그 사람에게 애정이 담긴 말을 하거나 꼭 필요하지는 않은 가벼운 신체 접촉을 시도하는 거죠. 좀 더 설명할게요. 뭔가 구실을 만들어 그 사람의 몸에 손을 대보세요. 그 사람 옷에 들러붙은 나뭇잎 따위를 떼어준다든가, 뭔가를 좀 보라는 표시로 그 사람 어깨나 팔을 쿡쿡 찌르는 정도로만요. 상대도 나에게 스스럼없이 그 정도 신체적 접촉을 한다면 상황이 나쁘지 않은 겁니다. 하지만 상대가 불편해하거나 싫어한다면 곧바로 그만두세요!

오해가 있을까 봐 말해둡니다. 제가 말하는 '꼭 필요하지는 않은 가벼운 신체 접촉'은 성적인 접촉이 아니에요. 여러분이 누군가의 어깨에 손을 댄다면 그건 그 사람에게 호감이 있다는 의미가 될 수 있죠. 누군가의 엉덩이에 손을 댄다면 불알을 걷어차여도 할 말이 없고요!

## 신호 해석하기

· 미소, 친절한 말이 꼭 여러분을 좋게 생각한다는 증거는 아니니 주의하세요.

· 상대가 여러분의 성격과 생각을 궁금해하고 여러분이 어떻게 살아왔는지 묻는다면, 그건 여러분에게 관심이 있고 더 알고 싶어 한다는 표시입니다.

· 상대가 계속 여러분 주위에 머문다면 그 사람은 여러분과 같이 있기를 좋아한다는 뜻입니다.

· 상대가 늘 시간이 없다고 말하고 전화나 문자에 답을 잘 하지 않으며 여러분에게 신경을 쓰지 않는다면, 그 사람은 여러분에게 관심이 없는 겁니다.

· 사소한 일을 확대 해석하지 마세요. 사람들은 그렇게 세세한 부분까지 생각해서 말하거나 행동하지 않습니다. 큰 그림을 보아야 상대가 여러분에게 마음이 있는지 없는지를 알 수 있습니다.

## 소셜 네트워크에서 사람 사귀기

누군가와 관계를 맺는 가장 쉬운 방법은 소셜 네트워크나 앱에서 메시지를 보내는 것입니다. 실제로 만나면 말을 잘 못 거는 사람들에게는 이 방법이 쉬울 수 있습니다. 채팅을 할 때는 상대의 얼굴을 마주할 때의 불편함이 사라지니까요. 이 거리를 편안하게 여기면 좀 더 용기가 나고, 충분히 생각하고서 답장이나 답글을 달 수 있다는 좋은 점이 있지요. 누군가에게 처음 접근하거나 연애를 걸 때는 특히 더 그렇습니다.

하지만 이 거리에는 나쁜 점도 있습니다. 자기가 화면이 아니라 사람을 상대하고 있다는 사실을 망각하는 인터넷 사용자들이 너무 많거든요. 얼굴 보고는 못 했을 말도 막 하고, 때로는 무례한 막말과 욕설도 서슴지 않죠. 그러고 나서는 잘못했다는 것을 깨닫고 괴로워합니다(괴로운 줄도 모르는 사람도 있죠!). 현실에서나 가상 세계에서나 똑같이 행동하고 타인에게 불필요한 상처를 주지 않도록 노력할 것, 이게 바로 인터넷에서 지켜야 할 황금률입니다.


**남자인데 남자를 좋아한다면?**

여러분이 여자를 좋아한다면 그 여자도 남자를 좋아할 확률이 꽤 높습니다. 하지만 여러분이 남자에게 끌리는데 그 남자도 남자를 좋아할 확률은 10퍼센트가 될까 말까입니다. 그러니 가망도 없는데 애쓰지 않으려면 상대도 남자를 좋아하는지 미리 알아두는 게 좋겠지요. 보통은 눈에 띄는 표시가 있습니다. 가령, 그의 가방이나 재킷에 무지개 배지가 달려 있다면 그는 커밍아웃을 한 게이일 테고, 이성애자 남성들이 자기를 어떻게 생각하느냐에 그렇게까지 연연하지 않을 겁니다.

하지만 여러분이 꿈꾸는 그 남자에게 그런 표시가 없다면 어떻게 해야 할까요? 여러분이 사는 곳에 젊은 게이들이 (바이, 트랜스, 퀴어 등도 함께) 만나는 장소가 있다면 한번 가보세요. 상대도 게이라면 아마 거기서 만날 수 있을 겁니다. 은근히 떠보는 방법도 있습니다. 그 사람은 게이가 등장하는 영화, 소설, 게임 등을 어떻게 생각하나요? 그런 쪽에 관심이 없고 무슨 말을 하는지 잘 알아듣지도 못한다면 그 사람은 여자를 좋아할 확률이 높습니다. 이때는 아무렇지 않게 화제를 바꾸세요.

이런 식으로 알아볼 가치는 충분합니다. 본인이 아직 자각을 하지 못한 게이일 수도 있으니까요. 어쩌면 그 사람도 자신의 욕망에 대해서 좀 더 생각해보는 계기가 될지도 모르죠. 어쨌든 여러분이 남자랑 사귀고 싶다면 본인이 게이라는 사실을 밝히는 편이 더 낫습니다. 하지만 아직 커밍아웃을 하지 않았다면 말이 쉽지 행동하기는 어려울 거예요. 커밍아웃에 대해서는 뒤에서 다시 다루겠습니다.


## 카드패 보여주기

때로는 어떤 것도 분명하게 말하지 않은 채 탐색전을 벌입니다. 서로 지그시 바라보는 눈길과 미소가 많은 것을 말하지만, 서로에 대한 진정한 욕망은 결코 표현하지 않습니다. 그러다 보니 데이트나 고백 같은 구체적 진전이 없지요. 어느 시점에 가면 상대에게 고백을 하고 여러분을 어떻게 생각하는지 물어봐야 할 겁니다. 그러지 않으면 이 탐색전은 결코 끝나지 않고, 서로 상대가 먼저 다가오기를 기다리기만 할지도 모르거든요. 그게 아니면 여러분은 계속 애매한 상황에 머물러 있게 될 텐데 애매한 게 제일 고약하죠. 과감하게 여러분의 카드패를 보여주세요. 그래야 결론이 납니다. 상대가 나를 좋아하지 않는다고 밝혀지더라도 최소한 다른 일, 다른 사람으로 넘어갈 수 있으니 애매한 것보단 나아요.

## 퇴짜

이제 여러분에게 어쩌면 고통스러울 수도 있는 진실을 말해야겠습니다. 모두에게 사랑받을 순 없습니다. 모두가 여러분을 좋아하고 여러분과 자고 싶어 하지는 않을 겁니다. 잠시만 생각해보세요. 여러분은 모두를 사랑하고, 모두와 자고 싶나요? 아닐 겁니다. 굉장히 근사하고 똑똑하고 재미있는 사람인 줄 알면서도 그 사람에게 사랑을 느끼지 않는 상황은 얼마든지 있을 수 있지요.

그러므로 언제고 퇴짜를 맞을 수도 있는 겁니다. 그래도 이것만은 잊지 마세요. 누군가에게 차였다고 해서 여러분이 사랑받을 자격이 없다거나 뭔가 실수를 한 건 아닙니다. 물론 마음은 아프겠지요. 자존심에 상처가 될 테고요. 하지만 거절을 너무 두려워하진 마세요. 여러분이 이미 여러 번 차여봤다면 저는 차라리 "축하합니다!"라고 말하고 싶은걸요. 어쨌든 여러분이 먼저 다가갔고, 위험을 무릅쓰고 마음을 표현했다는 얘기잖아요. 아주 잘했어요! 여러분은 다가갈 줄 아는 사람입니다. 거절을 당하든 말든, 일단 시도하지 않으면 자기 마음을 상대에게 알릴 수 없어요. 하지만 상대가 거절을 했다면 더는 쓸데없이 매달리지 마세요. 집착은 상대에게도 못할 짓이지만 자기 자신에게 가장 못할 짓입니다.

# 키스

고등학교 때 제 친구는 사귀는 여자애랑 키스를 하고 싶었지만, 키스를 해본 적이 없어서 고민이 많았습니다. 제가 그 친구 집에 놀러 갔을 때 그런 얘기를 나눴는데 저는 그 친구보다 세 배는 더 수줍음을 많이 탔고, 그때까지 키스를 한 적이 없기는 마찬가지여서 전혀 도움이 안 됐죠. 친구는 첫 키스를 언제 하겠다고 날짜까지 정해놓고 별렀습니다. 그러나 대망의 그날, 결국 첫 키스는 못 했죠!

저는 엉겁결에 일어난 일이긴 해도 그 친구보다는 운이 좋았어요. 어느 날 우리 지역 청소년 클럽에 갔는데 처음 보는 애가 있더라고요. 눈이 몇 번이나 마주쳤기 때문에 서로 관심이 있다는 걸 알았죠. 그 시절 저는 심한 겁쟁이였는데 다행히 상대가 먼저 다가왔어요. 우리는 나란히 앉아 얘기를 나눴죠. 하지만 찌릿찌릿 전류가 흘렀다거나 대화가 매끄럽게 이어지진 않았어요. 저는 그 애가 핸드크림을 꺼내서 손에 바르는 모습을 보고 괜히 할 말도 없고 해서 이렇게 말했지요.

"오, 나도 핸드크림을 가지고 다녀야겠어. 봐, 내 손은 너무 건조해."

그랬더니 그 친구가 이렇게 대꾸했어요.

"손 좀 줘봐."

그 친구는 제 손에 크림을 발라줬어요. 그러고 나서 우리는 키스를 했지요. 전에는 몰랐던 그 느낌은 정말…… 축축했어요! 난 혀와 혀가 부딪히면 그런 느낌이 날 거라곤 상상도 못했죠.

## 조금씩 키스로 나아가기

1. 상대를 좋아하는 마음을 전할 수 있는 말, 듣기 좋은 말을 해주세요.

2. 가벼운 신체 접촉을 해보세요. 예를 들면 "오늘 입은 옷 예쁘다"라고 말하면서 옷을 만져볼 수 있겠죠. 이렇게 신체적 거리를 좁혀가다 보면 그 연장선상에서 자연스럽게 키스까지 갈 수 있을 거예요.

3. 상대의 얼굴에 입술을 가져가되 끝까지 가지는 마세요.* 상대의 표정을 보세요. 상대가 뒷걸음질하거나 고개를 돌리면 바로 물러나세요. 하지만 상대도 얼굴을 내민다면 키스를 해도 좋아요. 자, 드디어 키스를 하는 겁니다!

### 키스하는 법

키스는 두 부분으로 이루어집니다. 첫 부분은 혀와 혀의 접촉이죠. 상대의 혀를 살짝 빨 수도 있고 서로 혀를 돌리며 부딪힐 수도 있습니다. 어떤 식으로 하든 너무 서두르지 말고 느낌에 집중하세요. 두

---

* 스킨십을 할 때는 '동의한다'는 대답을 듣는 게 중요합니다. "상대의 얼굴에 입술을 가져가되 끝까지 가지는 마세요"라는 말은 상대가 동의할지 안 할지 결정할 시간을 주라는 말이에요. 관계를 맺어가는 초반에는 말로 동의를 구하는 게 가장 좋아요. 그래야 오해가 없기 때문입니다.

번째 부분은 입술과 입술의 접촉입니다. 깊게 하는 키스 중간에 가벼운 뽀뽀 느낌의 키스를 하거나 서로의 입술을 부드럽게 마찰합니다.

키스의 매력은 다양한 방식으로 할 수 있다는 거죠. 매번 똑같은 키스를 할 필요는 없습니다. 지금 뭘 하고 있다는 생각을 하지 말고 키스라는 행위에 자신을 내맡길수록 좋아요. 눈을 감고 세상에 두 사람밖에 존재하지 않는 것처럼 키스에 푹 빠져보세요.

## 키스할 때 생각해야 하는 것

· 키스를 너무 오래 끌지 마세요. 중간에 잠시 멈추고 (숨도 쉴 겸!) 서로 눈을 바라보세요.

· 혀를 상대의 입에 너무 깊숙이 집어넣으려고 하지 마세요. 상대가 불쾌감을 느끼거나 숨이 막힐 수 있으니까요. 내 혀가 상대의 혀 중간쯤까지만 가도 충분히 깊은 키스입니다.

· 입 말고 코로 숨을 쉬세요.

· 침을 흘리지 않도록 주의하세요. 상대가 혐오감을 느낄 수도 있어요.

· 면도를 오래 하지 않았다면 상대가 따가워할 수도 있으니 얼굴을 많이 움직이거나 상대의 얼굴에 비비지 마세요.

· 키스를 하는 동안 손으로는 상대의 목덜미, 뺨, 머리를 쓰다듬을 수 있어요.

'쪽'

'츄릅'

'빙글 빙글'

스킨십을 할 때는 상대의 동의를 구하는 게 우선이에요!

# 좋은 남자란

제가 학교에 다닐 때도 그랬지만 지금도 마찬가지인 것 같습니다. 중학교, 고등학교에는 으레 우르르 몰려다니면서 담배를 피우고 경범죄에 연루되는 남자애들의 패거리가 있죠. 학교에 가서 성교육 수업을 하면, 남자애들은 착하고 반듯한 남자는 여자들에게 인기가 없다고 말합니다. 정말 그럴까요? 천만에요. 제가 여자애들과 면담을 해보면 사실은 정반대입니다. 나심은 흥미로운 발견을 했다면서 이런 이야기를 들려주었습니다.

"남자애들에게 주목받는 여자애 부류가 있어요. 화장을 진하게 하고 옷을 좀 섹시하게 입는 애들이죠. 얘들은 몇 명 안 되지만 워낙 눈에 잘 띄죠. 그리고 걔들이랑 데이트하는 남자애들도 되게 튀어서 그렇지 머릿수는 얼마 안 돼요. 그 남자애들은 허구한 날 말썽을 일으키고, 여자애를 이유 없이 괴롭히고, 교실이고 운동장이고 자기들이 전세 낸 것처럼 차지하죠. 문제는 걔들밖에 안 보인다는 거예요. 다른 여자애나 남자애들한테는 다가가거나 말을 거는 일이 별로 없죠. 다른 아이들은 늘 뒤에서 조용조용하게 지내거든요."

여러분 자신이 여자를 좋아하는 착하고 반듯한 남자라고 생각한다면 뒤에 조용히 숨어 있지 말고 당당하게 다가가세요. 이때, 좋아하는 여자애를 괴롭히는 것은 관계의 벽을 허무는 방법이 결코 아니랍니다. 더욱 현명하게 여자애들과 가까워지는 방법이 있어요.

# 더 많은 친구를 사귀는 법

· 평소 여자애들과 허물없이 얘기를 나누세요. 그러면 특별히 관심이 있는 여자애와 좀 더 깊은 대화를 나누기도 쉬워질 거예요.

· 모두에게 인사를 하고 친구들을 친절하게 대하세요. 여러분이 남들에게 말을 잘 붙이는 사람이면 남들도 여러분에게 편하게 말을 붙일 수 있어요.

· 남자애들하고만 놀지 말고 여자애들과도 친구가 되세요. 여자애들과 친구가 되면 생각보다 여자 친구들이 남자 친구들과 크게 다르지 않다는 걸 알게 되고 여자를 좀 더 잘 이해할 수 있어요.

· 아무도 신경 쓰지 않는 사람도 눈여겨보세요. 있는 듯 없는 듯 조용한 친구들이 알고 보면 되게 흥미롭고 재미있는 사람일 때가 많습니다.

· 관심을 받고 싶어서 불량하게 구는 남자애들이나 그런 남자애들을 좋아하는 여자애들을 함부로 판단하지 마세요. 여러분은 왜 저렇게 튀어 보이고 싶어 안달하나 생각할지 몰라도 그 친구들에겐 그렇게 행동하는 나름의 이유가 있을 겁니다. 그러니 직접 얘기를 나눠보기 전까지는 단정 짓지 마세요. 그 친구들도 자기가 사귀는 사람에게는 여러분만큼 친절하고 다정할지도 몰라요.

# 함께 지내기

누군가와 데이트를 하거나 커플이 되면 두 가지를 확실히 해야 할 때가 와요. 첫째, 관계를 확실히 정의해야 합니다. 데이트를 한다고요? 그럼, 사귀는 건가요? 그냥 한번 만나본 건가요? 저는 친구들이나 남학생들에게 이 점을 강조해야 할 때가 많았습니다. 애매하게 관계를 끌다가 불과 이삼 주 만에, 상대는 자기만큼 관계를 진지하게 생각하지 않았다는 사실을 알고 상처받는 경우가 많더라고요.

둘째, 관계의 규칙을 정해야 합니다. 파트너가 있어도 다른 사람들과 어느 선까지는 접촉할 수 있는지? 서로를 독점하는 관계가 될 것인지, 다른 사람들에게도 가능성을 열어놓을 것인지? 다른 사람을 만나도 괜찮다는 파트너가 있는가 하면 절대 용납 못 하는 파트너도 있지요. 서로 상처를 주지 않으려면 서로 넘지 않기를 바라는 선을 정해두어야 합니다. 이런 얘길 굳이 꼭 해야 하느냐고요? 안 하면 여러분이 손해입니다. 함께 지낸다는 것은 서로 많은 대화를 나누고 상대를 잘 이해하는 것이지요.

## 대화

서로 딱 달라붙어 지내고 싶어 하는 시기가 지나자마자 터지는 전형적인 문제는, 함께하는 시간이 너무 많아서 숨 막힌다는 겁니다.

파트너 대신 친구들과 놀러 나가고 싶고, 본인의 관심사에 다시 집중하고 싶어지죠. 파트너와의 관계는 계속 유지하고 싶지만, 그 관계가 삶의 중심이 되어서는 안 된다는 생각도 들고요.

이 문제에 대처하는 가장 나쁜 방법은 아무것도 바꾸지 않는 겁니다. 달라지고 싶은데도 그냥 예전처럼 사는 거죠. 파트너에게는 아파서 못 나간다고 해놓고 친구들과 놀러 나가는 수준까지 가면 최악입니다. 겉 다르고 속 다른 행동, 거짓말은 결코 해결책이 되지 않아요. 대화를 나누고 솔직히 이 문제를 다루는 게 최선이에요. 두 사람 다 자기 기분과 관점을 이야기해야 그 사이에서 절충안을 찾을 수 있습니다. 관계에는 늘 소소한 문제들이 들러붙죠. 하지만 소통의 창구를 열어놓으면 문제가 불거질 때마다 해결할 수 있어요. 눈 막고 귀 막고 나 몰라라 할수록 문제는 심각해집니다.

## 연습: 문제 해결하기

현재 여러분의 관계에서 불거진 사소한 문제를 하나 골라봅시다. 연필을 마이크처럼 쥐고 그 문제에 대해서 말해보세요. 여러분의 말이 끝날 때까지 파트너는 중간에 끊을 수 없고, 여러분도 파트너가 연필을 일단 들면 완전히 내려놓을 때까지 끼어들 수 없습니다. 그렇지만 서로 발언 시간을 비슷하게 맞추도록 미리 조정하세요.

처음에는 지금 느끼는 감정과 기분부터 말하세요. 그리고 난 후에 문제에 접근하세요. 두 사람이 각자 자기 기분을 털어놓고 견해를 제시할 수 있어야 합니다. 하지만 상대의 발언을 잘 듣지 않은 채 한쪽에서 해결책을 제시해선 안 됩니다.

서로의 견해를 충분히 들었다면 이제 비로소 이런저런 제안을 할 수 있습니다. 두 사람 모두 어느 정도 만족할 수 있고 서로를 존중하는 해결책을 고르세요. 그다음에는 처음에 그랬던 것처럼 지금 기분이 어떤지 서로 물어보고 얘기하면서 마무리합니다.

## 싸움

싸움은 결별의 동의어가 아닙니다. 오히려 서로 뜻이 안 맞는 부분까지 서로에게 솔직하기 때문에 싸우는 거죠. 아무리 온화한 사람들끼리 만나도 전혀 싸우지 않고 지낼 수는 없습니다. 형제자매도 싸우면서 크죠. 그런 싸움은 정말로 친밀한 관계에서 일어나는 자연법칙 같은 겁니다. 싸움은 물론 파괴적일 수 있습니다. 그렇지만 싸움은 관계의 조각들을 이어 붙이고 바람직한 방향으로 다시 끌고 간다는 점에서 매우 건설적일 수도 있습니다.

### 싸움을 해야 할 상황이라면?

· 한 번에 한 가지 문제만 두고 싸우세요. 서로 자주 못 만나서 화가 났고, 상대의 동생이나 친구가 여러분에게 경우 없는 행동을 해서 또 화가 났다고 칩시다. 일단은 한 가지만 따지고 나머지는 하나씩 이야기하세요. 모든 불만을 맥락도 없이 한꺼번에 쏟아내면 싸워도 진전이 없습니다.

· 상대의 말을 경청하세요. 싸울 때는 상대가 바보 같은 비난만 쏟아내는 것처럼 느껴질 겁니다. 그래도 그 사람이 하는 말을 알아들으려고 노력

하세요. 생각해보세요. '저 사람이 하는 말에도 맞는 부분이 있지 않나?' 하고요.

· 인신공격을 하지 마세요! 여러분이 보기에 파트너가 다른 남자들을 은근히 유혹하는 경향이 있는 것 같다면, 그러한 자신의 의견을 말하고 확인하면 됩니다. 이때 파트너를 '남자 밝히는 여자' 취급해서는 안 됩니다!

· 여러분의 분노에 여러 이유가 있다면 설명을 하세요. 진짜 이유가 아닌 다른 일로 상대를 비난하지 마세요.

· 싸움이 관계의 파국은 아니라는 것을 기억하세요. 싸움은 여러분이 해결책을 찾아서 관계를 계속 이어나가기 위해 애쓰고 있다는 표시입니다.

· 서로 소리 지르고 울고불고 난리를 치더라도 일단 두 사람이 화해를 한다면, 그 후에는 섹스가 더 뜨거워질 수도 있어요. 그렇다고 섹스로 해결하려 하진 마세요.

## 우린 서로의 것?

우리는 때때로 질투를 경험합니다. 우리는 흔히 상대 때문에 질투를 한다고 생각하지만, 질투는 대개 자기 자신의 문제입니다. 관계가 행복한데도 뭔지 모를 이유 때문에 상대의 마음이 식어서 나를 떠날까 봐 두려워질 수 있지요. 그러면 나의 파트너에게 다가오는 사람들이 전부 미워집니다.

여러분이나 여러분의 파트너가 질투를 한다면 그 문제를 두고 대화를 해야 합니다. 뭣 때문에 질투를 하게 됐을까요? 관계가 정말 위기에 처한 건가요, 아니면 괜한 상상이 일을 키운 건가요? 함께하는 사이일지라도 서로를 소유할 수는 없으며 자기 삶의 주인은 자기밖에 없다는 사실을 기억하세요.* 그와 동시에, 질투에 빠진 사람의 감정을 진지하게 여기세요. 어쩌면 그 사람은 사랑을 확인하고 싶은지도 모릅니다.


## 의무적으로 하는 섹스?

대부분은 처음 사귄 사람과 첫 경험도 하지요. 그렇지만 한 번 보고 다시는 안 볼 사람과 첫 경험을 할 수도 있습니다. 과거에는 결혼을 해야만 섹스를 할 수 있었고 파트너도 장차 갖게 될 자녀의 아버지나 어머니로 국한되었습니다. 하지만 지금은 사랑하지 않는 사람과 섹스를 할 수도 있고 섹스를 하지 않아도 사랑할 수 있습니다.

여러분도 그렇고 여러분의 파트너도 그렇고, 상대를 성적으로 만족시킬 의무는 없으며 상대의 성적 환상을 다 이루어줄 의무는 더더욱 없습니다. 사랑을 이용해 섹스에 대한 부담을 주는 것은 정말 바보 같은 짓이죠! 누군가를 사랑한다면 그 사람이 원하지 않는 일을 강요해선 안 됩니다. 하지만 두 사람 모두 섹스를 원한다면 그 또한 하지 않을 이유가 없지요.

---

\* '나는 상대를 소유하려고 한 적이 없는데'라고 생각할 수 있어요. 같이 한번 생각해볼까요? 다음 항목들 중 해당하는 것이 있는지 살펴보세요. ① 연인이 누구와 만나는지 수시로 확인한다. ② 연인이 다른 사람과 만나는 것이 불편하다(이성애자라면 이성 친구와 만나는 것이 불편하다). ③ 연인에게 옷차림이나 화장 등을 지적한 적이 있다. 혹은 내가 원하는 스타일로 바꾸라고 요구하거나 권유한 적이 있다.

## 평등한 관계란

서로 사랑하는 관계에서 두 파트너는 완전히 대등합니다. 더 사랑하는 쪽이 더 큰 힘을 가질 때가 더러 있는데요. 바늘 가는 데 실 간다고, 자칫 주의하지 않으면 한쪽이 결정권을 가지고 다른 쪽은 무조건 따라가기만 하는 형국이 됩니다. 커플 내 힘의 관계에는 결정적인 또 다른 요소들이 있습니다. 한쪽이 낯을 많이 가리고 내성적인가요? 두 사람의 나이 차가 많이 나나요? 게이 커플인데 한쪽은 커밍아웃을 했고, 다른 쪽은 자기가 게이라는 사실을 비밀로 하고 있나요?

그런데 사실 힘의 불균형은 대개 커플이 남녀로 이루어져 있을 때 많이 나타납니다. 남성 집단이 사회에서 더 큰 권력을 쥐고 있기 때문이지요. 남자들은 지배적 남성성에 매몰되어 이기적으로 행동할 때가 많은 반면, 여자들은 다른 사람을 돌보고 챙겨야만 하는 것처럼 생각하지요.

커플 내 불평등은 두 사람 모두에게 해롭습니다. 힘을 더 많이 쥔 사람은 별것 아닌 일로 버럭 짜증을 내거나 이기적인 행동을 당연한 것처럼 생각하고, 불리한 위치에 있는 사람은 시간이 갈수록 자존감이 너덜너덜해지죠. 서로 사랑하는 사이 안에서도 평등을 유지하려는 노력은 중요합니다. 그런 점에서 힘을 더 많이 쥔 사람은 파트너와 평등하게 살아가기 위해 더 책임 있게 행동해야 할 거예요.

평등은 서로 받는 만큼 취하는 것입니다. 내가 슬프고 힘들 때 상대가 내 말을 들어주었다면, 나도 상대에게 똑같이 해주어야겠지요. 또한 평등은 서로가 동일한 의사결정권을 누리는 것입니다. 지

난주 주말에 여러분의 친척 집 잔치에 파트너가 동반 참석했다면,
그다음 주말은 파트너가 하자는 대로 따르는 게 공평합니다.

### 평등한 관계란?

평등한 관계란 어떤 걸까요? 모든 걸 반으로 나누거나 한 번씩 번갈아가면
서 하는 것 등 다양한 답이 있지요. 연인 사이가 평등한지 알아보기 위해서
몇 가지 질문을 해볼 수 있어요.

1. 서로가 다양한 영역에서 같은 질문(제안, 요구 등)을 할 수 있나요? 가
령, "섹스하고 싶어"라는 말을 서로 원할 때 말할 수 있나요?

2. 상대의 요구를 거절할 때 마음이 편안한가요? 거절한 후에 관계가 틀어지지 않을까 염려하거나 거절하기 어려워서 핑계를 만드는 건 편안한 상태가 아니에요.

3. 상대가 나의 요구를 거절했을 때 내 마음은 편안한가요? 거절당해서 화가 나거나 자존심이 상한다면, 혹은 상대에게 이유를 추궁한다면 편안한 상태가 아니에요.

이 외에도 서로의 관계를 살펴볼 수 있는 질문들은 다양합니다. 연인과 위의 질문을 토대로 대화해보고 여러분만의 체크리스트를 만들어보세요!

## 감정의 기복

처음으로 연애를 하게 됐을 때 계속 그런 생각을 했습니다. '이게 사랑인가? 어제만큼 오늘도 그 사람을 사랑하나?' 최근에 타리크라는 친구와 얘기를 나눴는데 그 친구도 그 나이 때는 그랬다고 하더라고요.

"깨어 있는 시간 내내 내가 느끼는 감정을 분석하고 있었던 것 같아. 진짜 괴로웠어!"

타리크는 사랑에 푹 빠졌을 때는 모든 걸 이룬 것 같았다고 했습니다. 반면, 어떤 날은 뭘 해도 안 되는 것 같고, 사소한 일에 스트레스를 받고, 부모님과 싸우고, 곧 치를 시험이 불안했지요.

"때로는 더 이상 사랑이라는 감정을 못 느끼니까 헤어져야겠다고 생각했지. 그런데 다음 날이면 또 모든 게 기분 좋게 흘러가서 헤어지지 않기를 잘했다 싶었어!"

일상 속의 사랑은 요요처럼 오르내리기를 반복합니다. 상대에 대한 감정이 식었다고 생각해서 이별을 선택하는 것은 여러분 자유예요. 하지만 결단을 내리기 전에 좀 더 깊이 생각해보세요. 어떤 커플은 오랫동안 함께 지내고 서로 친구처럼 데면데면해졌다가 어느 날 갑자기 또 처음 만났을 때처럼 사랑에 빠지기도 한답니다.

## 연습·선물 교환

이 게임은 서로 애정을 보여주고 감동을 끌어내기 좋은 수단입니다. 두 파트너가 상대에게 줄 선물을 세 개씩 사야 합니다. 펜 한 자루, 과일 한 알 정도의 비싸지 않은 작은 선물이어야 해요. 여러분의 상상력을 발휘해보세요!

한 사람이 침대에 엎드려 얼굴을 베개에 묻습니다. 다른 사람이 선물을 그 사람의 등과 팔 맨살에 올려놓습니다. 누워 있는 사람은 촉감만으로 그 선물이 무엇인지 맞춰야 합니다. 세 개를 다 알아내면 선물을 가져가고 파트너와 역할을 교대합니다.

# 좋은 이별

· · · · · · · · · · ·

다니엘은 친구 집 파티에서 파리다를 처음 만났을 때 어떤 점에 그렇게 확 끌렸는지 지금도 기억합니다. 파리다는 독립적이고 멋있는 여자였고 다니엘보다 연상이었죠. 두 사람은 그날 이후 하루도 빼놓지 않고 만났어요. 그런데, 한 달쯤 되어서부터 사이가 나빠졌습니다.

"아무것도 아닌 일에 자꾸 짜증을 내더라고. 하루는 내가 자기보다 모 음악 그룹을 더 오래 좋아했다는 이유로 삐쳤다니까. 난 진짜 문제는 따로 있다는 걸 알았어. 파리다는 그냥 내가 지겨워졌던 거야."

그들은 전처럼 자주 만나지 않게 되었습니다. 다니엘은 정이 많고 이해심이 깊은 편이라 파리다에게 생각할 시간과 여유를 주고 싶었죠. 한번은 일주일이 지나서야 파리다가 전화를 했습니다.

"할 말이 있다고 하더군. 난 무슨 말을 하고 싶은지 알겠다고 했어. 파리다는 헤어지자는 말을 하려고 했던 거야. 나는 전화를 끊고 벤치에 앉아서 한참을 울었어."

파리다는 매번 핑계를 대면서 다니엘과의 만남을 피했습니다. 그런데 일주일쯤 지나서 카페에서 우연히 마주쳤지요.

"결국은 얼굴을 보게 되어서 좋았어. 그 여자에게 이별의 말을 확실히 들었으니까. 끝났다는 말을 들으니까 오히려 마음이 놓였어. 다시 잘될지도 모른다는 미련을 확실히 털어버렸지."

그 후 다니엘은 주위 사람들이 자신에게 마음 써준다는 느낌을 받았습니다. 그가 실연의 아픔에 빠져 있지 않고 다른 생각을 할 수 있도록 어딘가에 함께 가자고 제안하기도 했죠. 그러나 다니엘은 다 거절했습니다. 잠시 혼자 슬픔에 젖는 시간이 필요했으니까요.

"어머니가 진짜 마음에 와닿는 말을 해주셨어. 파리다는 아마 자기가 뭘 원하는지 몰랐을 거라고. 그리고 나는 또 다른 사람을 만나게 될 거라고 하셨지."

다니엘과 파리다가 헤어진 지 일 년이 됐습니다. 다니엘은 지금도 그때 생각을 하면 마음이 아프긴 하지만 전보다는 훨씬 잘 지내고 있어요.

"난 받아들였어. 사랑이 끝났고, 내가 뭘 어떻게 했어도 그 관계는 유지될 수 없었다는 것을. 나는 파리다의 마음을 바꿀 순 없었어. 화가 나진 않아. 상대에게 상처를 주려고 헤어지는 게 아니라, 자기가 처음에 좋아했던 그 사람을 더는 느낄 수 없어서 헤어지는 거니까."

## 감정을 표현할 것

아직 사랑하고 있는데 상대에게 차이면 굉장히 괴롭지요. 살아서 뭐 하나 싶고, 그 상처가 영원히 낫지 않을 것 같은 기분이 듭니다. 이때도 감정을 억누른 채 잘 지내는 척하지 말고 바깥으로 표현하세요. 억압된 감정과 기분은 더 위험하고 교묘한 형태로 변할 수 있으므로 참으려고만 하면 상황이 더 나빠집니다.

다니엘은 실연의 슬픔을 기탄없이 말할 수 있었기 때문에 잘 극복한 것 같다고 제게 말했습니다. 그에게는 좋은 대화 상대들이 있었죠. 하지만 모두가 다니엘처럼 운이 좋진 않습니다. 아픔을 말해도 주위에 귀 기울여 들어줄 사람이 없을 수도 있어요. 하지만 그건 자기 느낌일 뿐이고 어떻게든 대화 상대를 찾아보는 게 좋지 않을까요? 그래도 마땅한 사람이 없으면 생각이나 기분을 글로 써보세요. 글로 표현하면 마음이 후련해질 거예요.

다니엘과 달리, 마음이 슬퍼도 사람들을 만나고 이런저런 일을 하면서 현재에 몰두할 수도 있습니다. 비록 마음 한구석에는 실연의 아픔이 늘 도사리고 있겠지만 말이에요. 즐거운 활동을 하고 재미를 느껴보세요. 여러분이 좋아했던 사람은 이제 떠나고 없지만 그래도 인생의 좋은 면들을 발견할 수 있답니다.

## 연애가 깨졌다면?

· 어떤 식으로든 상대에게 복수하려는 치졸한 짓은 하지 마세요. 그 사람 몰래 찍었던 사진이나 동영상을 다른 사람과 공유한다든가 고약한 소문을 낸다든가 해서는 안 됩니다. 연애가 끝난 게 그 사람 때문은 아니거니와 상대도 당신만큼 힘든 시간을 보낼 겁니다.

· 애매하게 끝내지 마세요. 서로 오해의 여지없이 확실하게 정리를 해야만 각자 다음 단계로 나아갈 수 있습니다.

· 너무 힘들면 그냥 울어도 좋습니다. 실컷 울고 나면 마음이 좀 후련해질 거예요.

## 아무도 상처 주지 말 것

자멜은 농담을 잘하고 모르는 사람에게도 스스럼없이 다가가는 유쾌한 성격입니다. 그는 자기 지역 청소년 클럽에 자주 가는데 전 여자친구 제니도 거기서 만났습니다. 자멜은 제니를 보자마자 좋아하게 됐고 둘은 무척 잘 지냈습니다. 하지만 머지않아 자기 쪽에서 마음이 변했다는 걸 깨달았죠. 문제는 어떻게 이별을 해야 하는지 몰랐다는 겁니다.

"제니는 진짜 저를 좋아했거든요……. 걔는 저보다 어렸는데 나이 차 때문인지 저를 더 우러러봤던 것 같아요. 제가 헤어지자고 하면 제니가 폐인처럼 될까 봐 걱정됐어요."

자멜은 솔직하게 말할 자신이 없어서 꾀를 냈습니다. 제니 입에서 헤어지자는 말이 먼저 나오게끔 행동하기로 했죠. 다음 날 바로 제니와의 약속을 깨고 친구들과 놀러 나갔습니다. 하지만 제니는 헤어질 마음이 전혀 없었기 때문에 그 계획은 실패했어요.

"진짜 희한한 게, 제니는 되게 속상해하면서도 다 받아주더라고요. 헤어지자고 하기엔 저를 너무 좋아했던 거예요. 시간이 좀 지나서 전 제가 찌질하게 굴었다는 걸 알았어요."

자멜은 결국 솔직하게 말했습니다. 이제 제니를 사랑하지 않는다고 말이죠. 제니는 많이 울었습니다. 자멜은 제니에게 상처를 준 게 마음 아팠지만 어쨌든 제니에게 솔직해졌기 때문에 한편으로는 후련했습니다. 그러나 돌이켜 생각해보면 처음부터 솔직하게 말할 걸 괜히 시간을 끌었다는 후회가 남는다는군요.

## 그 상황에서 최선을 끌어낼 것

이별을 택하고 상대에게 상처를 주는 일은 괴롭습니다. 그래도 피할 수는 없는 일이죠. 그 사람이 착각하지 않고 자기 인생을 살기 바란다면 확실히 끝을 내는 게 좋아요. 분명하게, 여러분 입으로 끝났다고 말하세요. 그러고 나서 상대가 하는 말을 잘 들어주세요. 상대가 여러분 앞에서 운다면, 보고 있기가 괴롭겠지만 울게 해주세요. 상대가 질문을 하면 답해주세요.

이별을 당한 사람들은 종종 자기에게 뭔가 문제가 있다는 생각에 빠지곤 합니다. 그러나 이별은 그 사람의 인성과 상관없습니다. 그냥 감정의 성격이 변한 겁니다. 이별을 당한 사람은 자기가 못생겨서 그런가 보다, 섹스가 서툴러서 그런가 보다, 그 외 기타 등등의 이유를 찾으려 하지요. 여러분은 상대가 그런 쓸데없는 생각을 가급적 하지 않게끔 잘 처신해야 합니다.

### 누군가에게 헤어지자고 말한다면?

· 무작정 잠수를 타거나 전화, 이메일, 문자, 팩스, 텔렉스, 전신, 비둘기 우편, 봉화 등으로 이별을 통보하지 마세요. 만나서 얼굴을 보고 충분히 시간을 들여 대화를 나누고 헤어지세요.

· 주위에 방해받지 않고 진지하게 얘기를 나눌 수 있는 곳에서 이별하세요.

· 애매하게 여지를 남기지 말고 끝났으면 끝났다고 확실히 말하세요.

# 4

# 존중

# 상호 존중

사랑도 섹스도 잘하고 싶다면 존중을 먼저 챙겨야 합니다. 누구나 한 번은 멸시당하는 기분을 느껴봤을 테고 그게 얼마나 상처가 되는지 알 겁니다. 존중을 모르는 사람은 자기가 우월하니까 남들을 깔봐도 된다는 태도를 취하죠.

상호 존중이 모든 관계의 토대가 되어야 합니다. 존중하지 않는 사람 앞에서는 마음이 닫힙니다. 자기를 멸시하고 함부로 대하는 사람에게 자신의 가장 속 깊은 비밀을 털어놓을 수 있을까요? 그래서 누군가를 사랑하고 더 잘 알길 원한다면 존중을 표현해야 합니다. 이 규칙은 함께 섹스를 하는 관계건, 데이트를 하는 관계건, 모든 관계에 다 해당됩니다.

존중의 표현은 나 좋고 너 좋은 일이죠. 만남은 더 진실해지고 소통은 더 원활해집니다. 게다가 세상이 훨씬 평온해질 거예요. 상호 존중은 별 게 아니라, 타인이 나에게 취해주었으면 하는 태도로 나도 상대를 대하는 겁니다. 그런데 여자들을 대할 때는 좀 더 생각해야 할 면이 있습니다.

우리 사회는 아직도 여자가 남자에 비해서 힘이 없기 때문에 제대로 존중받지 못할 때가 너무 많습니다. 저는 지금부터 일상 속 이런 상황들을 보여주려고 합니다. 그리고 여자를 존중하지 않는 실수를 피할 수 있는 몇 가지 기술도 소개해볼까 합니다.

여러분은 개인적으로 그런 실수를 저지르지 않아야 할 뿐만 아니라, 여성이 존중받지 못하는 사회적 현실과도 싸워야 합니다. 수천년 전부터 세상이 늘 그래왔다는 이유로 계속 그렇게 살라는 법은 없어요. 여성을 존중하지 않는 세상의 폐해를 좌시하느냐 작정하고 뿌리 뽑느냐에는 우리 남자들의 역할도 중요합니다.

**중학교와 고등학교에 재학 중인 여자아이들이 한 학년을 보내면서 겪은 일**
77퍼센트, 여자라는 이유로 멸시를 당한 적이 있다.
71퍼센트, 외모 때문에 놀림을 당한 적이 있다.
52퍼센트, 추파에 시달린 적이 있다.
37퍼센트, '창녀'나 그 밖의 성적 뉘앙스의 욕을 들은 적이 있다.
27퍼센트, 원치 않는 신체 접촉을 당한 경험이 있다.
26퍼센트, 성관계에 대한 압박을 받은 적이 있다.
25퍼센트, 소문으로 피해를 입은 경험이 있다.
0.2퍼센트, 강간을 당한 경험이 있다.[13]

▶ 우리 남자들이 힘을 합쳐 이 통계의 수치를 '0퍼센트'로 끌어내릴 수 있습니다.

# 남자들의 집단

제가 만나본 남자들은 일대일로 얘기를 나눠보면 대부분 생각이 반듯한 사람들이었습니다. 그래서 왜 멀쩡한 남자들도 우르르 떼로 몰려 있으면 존중이고 뭐고 내팽개치는 걸까 더욱더 의문이 들었지요. 이 현상은 이렇게 설명할 수 있을 것 같네요. 어떤 사람은 친구들과 함께 있을 때면 자기도 모르게 행동 방식이 달라집니다. 특히 남자들은 혼자 있을 때보다 무리 속에 있을 때 더 무례하고 불손한 행동을 취하지요.

최근에 지역 신문에서 어느 소년이 자기 친구 무리와 놀다가 기자의 인터뷰에 응한 기사를 봤는데요. 소년은 자기 여동생에게 이래라저래라 할 뿐만 아니라 여동생을 때리기도 한다고 했습니다. 여자애들은 다 '창녀'라는 발언도 했고요. 그 소년은 일부 어른들이 '막돼먹은 놈'이라고 부를 만한 부류였죠. 하지만 저는 그 소년이 말만 그렇게 했을 뿐 내면은 다를지도 모른다고 생각했습니다.

제 생각이 맞았습니다. 다음 호 신문에 그 소년의 인터뷰가 또 실렸는데, 이번에는 친구들 없이 소년 혼자 인터뷰를 했습니다. 지난번 기사 때문에 집에 난리가 나서 사실이 아닌 부분을 바로잡고 싶었대요. 소년은 지난번에 한 말은 거짓이었고 실은 동생을 때리거나 이래라저래라 하지 않는다고 말했습니다. 그리고 여자애들에 대한 발언도 미안하다고 사과했습니다. 그러고는 이렇게 덧붙였죠.

"정말 부끄럽고요. 모두에게 사과하고 싶어요. 전 사실 그런 애가 아니에요."

기자가 왜 지난번에는 그렇게 말했느냐고 물었더니 이런 대답이 돌아왔습니다.

"친구들이 옆에 있으면 괜히 센 척하게 돼요."

어쩌다 그 소년의 발언이 언론을 탔을 뿐, 사실 그렇게 보기 드문 경우도 아닙니다. 그 또래 소년들이 대부분 비슷하거든요. 센 척하는 가면을 벗기면 실은 꽤 괜찮은 사람이라는 거죠.

## 존중의 기술 1. 나부터 존중하세요

남자로서 타인을 친절하게 대할 것인지, 친구들 장단에 맞춰 껄렁하게 굴 것인지 선택해야 할 때가 곧잘 있습니다. 소신대로 행동할 건가요, 아니면 친구들처럼 지나가는 여자애에게 괜히 소리 지르고 휘파람을 불 건가요? 쉽지 않은 선택입니다. 겁쟁이로 보이고 싶은 사람은 아무도 없으니까요. 말이 나온 김에, 괴롭힘을 당한 여자애가 사실은 여러분이 착한 아이라는 것을 안다고 해도 위안이 되진 않을 겁니다. 자기 자신을 존중하면 그런 딜레마에 빠지지 않습니다. 나를 존중한다면 실제 내 모습보다 더 불량한 사람인 척할 이유가 없죠.

거울에 비친 내 모습을 보아도 부끄러울 이유가 없게끔 행동하세요. 존중을 말아먹고 무례하게 구는 사람들이 있다면, 여러분 생각을 솔직히 말하세요. 그러면 대부분은 여러분의 용기에 놀랄 겁니다. 칭찬까지는 하지 않겠지만 그건 할 수 없죠. 여러분이 자기 소신대로 행동하고 표현할수록 주위 사람들도 여러분의 반응에 익숙해지고 나중에는 그러려니 할 겁니다.

개인의 행동이 집단의 영향을 받는다는 사실은 과학적으로 검증되었습니다. 미국의 심리학자 솔로몬 애시는 대학생들을 대상으로 실험을 했습니다. 피실험자인 진짜 학생은 가짜 학생들과 한 교실에서 간단한 질문에 답변을 해야 했지요. 실험 결과, 피실험자는 가짜 학생들의 집단이 정답을 말할 때는 무리 없이 정답을 말할 수 있었습니다. 그런데 가짜 학생들이 일부러 오답을 택했을 때는 — 너무나 답이 명백한 문제임에도 불구하고 — 피실험자도 오답을 말하는 확률이 최대 75퍼센트에 이르렀지요!

이는 다음과 같은 사실을 말해줍니다. 사람들은 대개 집단의 행동을 따라가려는 경향이 있을 뿐 아니라, 명백히 틀린 것을 틀렸다고 말하는 것보다 집단의 압력에 맞서는 것을 더 어려워합니다.

# 추행

저는 여자들과 친구가 되면서부터 여자들이 행여 험한 일을 당할지 모른다는 두려움을 얼마나 일상적으로 안고 살아가는지 알게 됐습니다. 여자애들은 파티를 한번 가려 해도 밤늦게 끝나면 집에 어떻게 갈 건지, 누가 데려다줄 수 있는지 그것부터 고민하더군요. 지역에 따라 어떤 곳은 밤에 여자가 돌아다닐 수 없다고 해도 과언이 아니죠. 공원을 가로질러 가면 훨씬 가까운데 일부러 멀리 돌아가기도 합니다. 어떤 여자 친구들은 집에 도착할 때까지 계속 저와 통화를 했습니다. 강간범을 만나거나 하면 제가 바로 경찰에 신고할 수 있게 말입니다.

그 친구들은 왜 그렇게 걱정을 했을까요? 그때는 이해가 가지 않았습니다. 거리에서 강간범을 만나는 일이 그렇게 흔하진 않잖아요. 그러니까 제 말은, 도둑이나 강도를 만날 확률이 훨씬 더 높지 않겠냐는 겁니다. 그렇지만 여자 친구들은 강간을 정말 두려워하고 늘 긴장을 늦추지 않고 사는 것처럼 보였습니다.

제가 여자 친구들에게 왜 그러느냐고 묻자 그 친구들은 아주 어렸을 때부터 그런 두려움이 있었다고 말했습니다. 거리를 지나다니기만 해도 남자들이 휘파람을 불거나 외모 평가를 해대고, 대중교통에서 치한에게 불쾌한 신체 접촉을 당한 횟수는 일일이 셀 수도 없다더군요. 다른 남자애들은 그런 일을 봐도 도와주지도 않고 그냥 있을 때가 많았고요. 바꾸어 말하자면 여자들은 어려서부터 자기 몸을 자기 마음대로 할 수 없는 상황이 있다고 배우는 셈이고, 그래서 밤에 혼자 다니기 두려워하는 겁니다. 남자들이 농담, 장난, 쿨한 행동으로 넘길 수 있는 일도 여자들에게는 공포스러운 괴롭힘이 될 수 있습니다.

프랑스에서 신체 접촉을 비롯한 성추행, 거리에서의 성희롱, 사이버 추행, 공적이거나 사적인 모욕은 법으로 처벌받습니다. 특히 피해자가 미성년자일 때는 가중 처벌이 되지요. 남자든 여자든 모두 성폭력 피해자가 될 수 있습니다. 학교는 성폭력이 근절되도록 감시해야 할 의무가 있습니다.[*]

**존중의 기술 2. 다른 사람의 경계를 침범하지 마세요[**]**

아무도 여러분이 싫다고 하는데 여러분의 몸을 만지거나 성관계를 강요할 수 없습니다. 자기 몸을 어떻게 하느냐는 오로지 자기 자신에게만 결정권이 있는 문제니까요. 여러분의 몸은 오직 여러분만의 것입니다. 이 당연한 사실을 다른 사람들도 존중하는 것이 중요하죠. 여러분도 지나가는 여자의 외모를 평가하거나 품평하는 말을 하지 않고, 여자를 함부로 만지지 않음으로써 이 존중을 실천할 수 있습니다. 어떤 여자를 좀 더 잘 알고 싶다면, 상처 주는

---

[*] 우리나라에서도 동의 없는 신체 접촉인 성추행, 불법 촬영, 디지털 성범죄는 법으로 처벌받고 있습니다. 상대방의 '동의가 없는' 모든 행위는 잘못된 것입니다.

[**] 사람은 태어날 때부터 '경계'라는 심리적, 물리적 공간을 가지고 있습니다. 경계는 다른 사람의 방에 들어가는 문과 같아요. 우리는 방에 들어가기 전에 노크를 하거나 들어가도 되는지 방 주인의 의사를 묻지요. 바로 이 행위를 '동의 구하기'라고 합니다. 특히 타인과의 신체 접촉은 그 사람의 몸의 경계에 들어가는 행위예요. 그냥 문을 열려고 한다면 상대는 불쾌하겠지요. 신체 접촉을 할 때는 상대의 의사를 묻는 것이 가장 좋은 방법입니다.

말과 행동을 해서는 안 됩니다.

만약 여러분의 친구가 함부로 여자 엉덩이를 만지거나 휘파람을 불어댄다면 여자를 보호해주세요. 그리고 친구에게 이렇게 물어보세요. "왜 그러는 거야?", "네가 그렇게 하면 저 여자는 기분이 어떻겠어?", "너희 엄마나 누나가 이런 일을 당한다고 생각해봐." 이렇게 질문을 해대면 그 친구도 어쩔 수 없이 자기 행동을 돌아보게 될 겁니다. 그가 자기 잘못을 깨닫는다면 다시는 그렇게 행동하지 않을 뿐 아니라, 여러분을 정신 똑바로 박힌 친구라고 생각하겠지요.

**학교에서 추행이 가장 자주 일어나는 장소**

1. 복도
2. 사물함 구역
3. 교실
4. 운동장
5. 휴게실
6. 체육관
7. 화장실[14]

# 평판

성생활을 어떻게 해야 하는지 혼란을 느끼는 여자들이 많습니다. 남자랑 한 번도 키스해본 적이 없거나 몸매를 감추는 옷만 입으면 '재미없는 여자' 딱지가 붙고 남자들의 관심에서 밀려납니다. 하지만 반대로 남자들과 스스럼없이 어울리고 섹시한 패션을 즐기는 여자는 금세 '창녀'라는 딱지가 붙지요. 여자들은 이렇게 하나 저렇게 하나 딱지가 붙습니다. 남자들이 여자들을 탓하고 딱지 붙이기를 좋아하니까요.

"내가 다니던 중학교에는 쉬는 시간마다 운동장에서 맨날 여자애들 얘기만 하는 남자애들이 있었어. 걔들은 어떤 여자애랑 뭘 했다는 둥, 누구랑 어디까지 진도가 나갔다는 둥, 그런 얘기를 아주 큰소리로 떠들곤 했지. 예를 들면 어떤 남자애가 억지로 여자애에게 항문 섹스를 해놓고는 다른 친구들에게 걔가 잘만 버티더라고 말해서 망신을 주는 거야." 린네아는 회상했습니다.

린네아가 말한 것 같은 남자들은 자기가 섹스하는 건 전혀 문제삼지 않고 오히려 자랑합니다. 그러면서 어떤 여자가 남자랑 잤다는 얘기는 그 여자가 무슨 부끄러운 짓을 한 것처럼 얘기하지요.

하지만 여자도 몸이 있고 감각과 욕망이 있습니다. 여자도 남자처럼 당당하게 성생활을 즐길 수 있어야 하지요. 남자와 여자에게 각기 다른 잣대를 들이대고 남자는 자랑거리로 삼을 일을 여자는 부끄러워해야 한다는 식으로 말해선 안 됩니다. 그리고 파트너와의 섹스 이야기를 타인에게 말할 때에는 파트너의 동의가 필요합니다. 자신의 경험을 함부로 떠벌리고 다니는 건 파트너를 존중하지 않는 태도임을 기억하세요.

여자 고교 1학년생 2명 중 1명은 자기가 실제로 한 것보다 더 많이 성 경험을 했으면 좋겠다고 생각합니다.[15]

안나는 저와 얘기를 나누던 중에 고등학교 때 자기에게 다가왔던 남자애는 한 명도 없었고, 그래서 섹스를 해보지 못했다고 말했습니다. 안나는 섹스의 쾌감이 어떤 건지 몹시 궁금했기 때문에 내심 실망했지요. 하지만 여자의 성생활과 관련된 규칙들이 마음에 걸려 적극적으로 행동할 수는 없었어요.

"여자애들은 사귀는 남자하고만 자야 한다고 했어요. 그러니까 저처럼 사귀는 남자가 없는 여자는 섹스를 하면 안 되는 거죠. 저는 솔직히 아무 남자애하고나 한번 자보고 싶었지만 제가 '원나잇'으로 순결을 잃었다는 게 알려지면 '걸레'라는 딱지가 붙을 것 같아서 그럴 수 없었어요."*

'걸레'나 '창녀'로 찍히는 게 두려워서 여자들은 욕망이 있는데도

---

* '순결을 잃었다'라는 표현이 여전히 많이 쓰이고 있는데요. 이는 가부장적 시각이 강하게 반영된 성차별적인 표현입니다. 순결·정조 이데올로기는 여성의 성생활과 욕망을 억압하여 여성이 스스로의 삶에 대한 통제권을 갖지 못하도록 하기 때문이죠.

섹스를 더 깊이 탐색하지 못하곤 합니다. 이른바 평판을 신경 쓰느라 그럴 수밖에 없는 거죠. 그러다 보면 여자들과 성 경험을 갖고 싶어 하는 남자들도 필연적으로 접근하기가 더 힘들어집니다.

### 존중의 기술 3. 소문이 나지 않게 하세요

어떤 여자가 아주 많은 남자와 자봤다는 얘기를 듣더라도 그 여자를 '걸레'라고 부르지 마세요. 첫째, 그 얘기는 사실과 무관한 소문일지도 모릅니다. 둘째, 그 여자가 실제로 성 경험이 풍부하더라도 뭐가 문제가 되죠? 섹스에 대한 결정권은 그 사람 자신에게 있어요. 아무도 그 여자를 판단할 권리가 없어요. 여러분은 험담을 퍼뜨리지 않고 오히려 소문을 퍼트린 사람을 저지시킴으로써 문제를 중단시킬 수 있을 거예요.

여러분이 여자와 사귀거나 함께 잤다면 상대에 대해서 이상한 말이 나돌지 않게 단속을 잘할 책임이 있습니다. 두 사람 사이에 있었던 일을 남들에게 말하지 마세요. 그건 두 사람만의 사적인 일이니까요. 전교생의 반이 알게 된다면 두 사람의 아름다웠던 순간이 추접스러워질 뿐 아니라 소문이 여러분의 발목을 잡을 날이 올 겁니다.

여러분의 친구가 어떤 여자애를 '걸레'라고 부른다면 그 친구에게 이렇게 질문을 던져보세요. "남자나 여자나 똑같이 섹스에 대한 욕구가 있는데 왜 여자만 그런 일을 부끄러워해야 해?", "여자가 만족스러운 성생활을 하는 게 다른 사람들에게 무슨 문제가 되지?"

# 명예

하산은 지금보다 몇 살 더 어렸을 때만 해도 누나와 여동생의 생활을 간섭하고 통제했습니다. 특히 클럽에는 얼씬도 못 하게 했죠. 클럽에서 노는 여자들이 문란하다고 생각했기 때문에 다른 남자들이 누나나 여동생을 그렇게 본다고 상상하면 끔찍했습니다. 하산은 집안 여자들의 성적 품행이 자기 명예에 영향을 미친다고 생각했어요. 누나나 여동생이 파티에서 가서 남자를 꼬드기면 자기 체면이 깎일 것 같았지요.

하루는 부모님이 누나의 핸드폰에서 어떤 남자가 보낸 문자 메시지를 봤어요. 부모님이 누나를 때리고 그 남자가 누구인지, 얼마나 깊은 사이인지 캐물었지요. 누나는 그냥 같은 반 남자애라고 했지만 부모님은 그 말을 믿지 않았어요. 하산은 친구들을 동원해서 그 남자를 추적하고는 누나의 말이 사실이라는 것을 확인했어요. 누나와 그 남자는 교실 밖에서 따로 본 적도 없는 사이였지요. 그래도 하산은 그 남자에게 한 번만 더 우리 누나에게 얼씬하면 죽여버리겠다고 협박을 했어요.

"저도 그때 고등학생이었고 그냥 친구로 지내는 여자애들이 여럿 있었어요. 걔들하고 문자도 스스럼없이 주고받았고요. 그런데 똑같은 일을 누나가 했더니 집안이 발칵 뒤집힌 거죠."

하지만 하산이 연애를 하면서부터 그러한 명예 개념은 부메랑이 되어 돌아왔습니다. 여자친구 집안에서 하산을 못 만나게 했거든요. 하산과 여자친구는 몰래 숨어서 만날 수밖에 없었어요. 그러다 여자친구 오빠에게 들켜서 하산은 협박을 당했지요. "내 누이에게 얼씬하면 죽여버리겠어." 하산이 예전에 누나의 같은 반 친구에게 했던 협박이 그대로 돌아온 겁니다.

"제 생각을 되돌아보지 않을 수 없었어요. '내 감정, 내 행동을 왜 다른 사람이 이래라저래라 하지?'라는 생각이 들었죠."

그 일이 있은 후, 하산은 부모님과 얘기를 나누었고 좋은 방향으로 결론을 내렸어요. 이제 하산은 자기 누나나 여동생 그리고 그냥 아는 여자애들하고도 스스럼없이 대화를 나눠요. 서로 숨겨야 할 일도 없고, 누나나 여동생이 스스로 원하는 삶을 산다고 해서 자신의 명예가 실추된다고 느끼지도 않아요.

---

남자들도 명예에 근거한 탄압을 당할 수 있습니다. 특히 남자가 다른 남자를 좋아하거나 (어떤 이유로든) 자기 가문에 합당하지 않은 여자를 좋아하는 경우가 그렇지요.

---

명예 개념은 집단주의적 성격이나 전체주의적 성격이 강한 사회에 존재하며, 꼭 출신 국가나 종교와 결부되는 것은 아닙니다. 제가 중학교 때도 어떤 남자애들은 농담 반 진담 반으로 "우리 누나(여동생)에게 접근하면 죽여버린다"는 소리를 하곤 했습니다. 그런 것도 명예를 따지는 행동의 완화된 형태죠.

## 존중의 기술 4. 다른 사람의 삶을 통제하려 하지 마세요

여자가 연애나 성생활에 대해서 스스로 내린 결정에 훼방 놓지 마세요. 집안에서 연애를 금지당한 여자가 남자랑 노는 모습을 보더라도 그 여자 주위 사람들에게 그 사실을 말하지 마세요. 그 여자의 인생입니다. 여자는 자기가 원하는 인생을 살 권리가 있어요.

여러분 또한 타인의 인생을 감시하지 않고 자기 인생을 충실히 살아갈 권리가 있습니다. 어떤 집안은 아들에게 ─ 그가 원하든지 말든지 ─ 누이를 감시할 의무를 억지로 떠맡깁니다. 여러분이 이런 상황에 놓여 있다면 일단 누이와 터놓고 대화하고 뜻을 같이한 후에 나머지 가족들을 대하세요. 가족끼리는 자유롭게 살되 집안 친척들에게 체면을 깎이지 않을 방안을 궁리할 수도 있을 겁니다. 학교, 지원단체, 지역 청소년 클럽에 몸담은 어른에게 도움을 청하는 방법도 있겠지요.

누나나 여동생이 연애를 하고 성생활을 한다는 사실이 기이하게 느껴진다면 여러분의 여성관을 바꿀 필요가 있습니다. 여러분 자신에게 성차별적인 생각이 없으면 다른 남자애들이 뭐라고 떠들든 흔들리지 않을 겁니다. 그리고 여러분은 누나나 여동생의 결정을 지지하는 입장에 서게 될 거예요.

# 타인의 자리

. . . . . . . . . . . .

제가 대화를 나눠본 여자애들은 대부분 남자 집단이 여자 집단보다 더 많은 자리를 차지한다고 지적했습니다. 조제핀은 자기가 속한 단체에서도 그런 예가 있다고 했어요.

"남자애들이 회의에 나오면 서로 말을 하려고 난리를 치니까 도무지 끝이 안 나요. 나올 얘기가 다 나왔는데 다른 사람이 했던 얘기를 말만 바꿔서 또 한다니까요. 걔들은 새로운 의견을 내는 건 안중에도 없고 자기 생각을 드러내는 것만 중요한가 봐요."

안타까운 점은 그러는 와중에 여자들은 발언을 포기하는 경우가 많다는 거죠.

"때로는 아직 아무도 지적하지 않았던 부분을 짚고 넘어가고 싶은데도 그냥 가만히 있어요. 발언하기 좋아하는 남자애들 때문에 회의가 너무 길어지니까 일단 빨리 끝내고 싶은 거죠. 하지만 회의가 끝나고 나면 할 말을 못하고 넘어간 스스로에게 화가 나요."

역할 분담에 있어서도 남녀가 평등하지 않다고 지적한 여자애들이 많이 있었습니다. 남자애들은 함께해야 하는 일을 날림으로 해치워도 뭐라고 하지 않는데, 여자애들은 꼼꼼하고 성실하게 일 처리를 하지 않으면 곧바로 비난을 받는다나요. 아다라는 여학생이 특징적인 사례를 들어 말해주었습니다.

"다 함께 축구를 하는데 남자끼리 패스하다가 공을 빼앗기면 아

144

무도 뭐라고 하지 않아요. 하지만 여자에게 패스하다가 공을 빼앗기면 남자애들이 다 '너 미쳤냐, 왜 여자에게 공을 넘기냐'라고 꼭 한마디씩 하죠. 남자들은 여자들보다 연습을 통해서 실력을 끌어올릴 기회 자체를 더 많이 누리는 셈이죠."

교실에서 이루어지는 발표나 발언은 평균적으로 남학생이 3분의 2를 차지하고 여학생은 3분의 1밖에 되지 않는다고 해요.[16]

### 존중의 기술 5. 상대의 말에 귀를 기울이고 그 사람의 자리를 내어주세요

다른 사람이 말을 할 때는 경청하세요. 경청은 귓구멍을 열어놓고 듣기만 하면 되는 게 아니에요. 한 귀로 들으면서 종이에 낙서나 끼적일 게 아니라, 상

대가 말하는 모습을 주목하세요. 여러분이 하고 싶은 말이 있어도 중간에 끼어들지 말고 그 사람의 말이 끝날 때까지 기다리세요.

여자들이 할 말이 별로 없으니까 그러는 거 아니냐는 사람들도 있겠죠. 여자들은 어려서부터 얌전해야 한다는 교육을 받고 자라고, 적극적으로 앞에 나서면 조롱을 받기도 해요. 그러니 상대가 말이 없다고 해서 내가 하고 싶은 말만 다 하기보다는 "그런데 너는 어떻게 생각해?"라고 물어보면서 상대의 발언을 도울 수 있지 않을까요? 만약 상대가 엉뚱한 대답을 하더라도 창피를 주지 마세요. 따돌림당한다는 기분이 들면 더욱더 입을 꾹 닫게 될 테니까요.

다른 사람의 말을 경청하고 그 사람의 자리를 만들어주는 것은 상황에 따라 다양한 방식으로 가능합니다. 토론을 할 때 다른 사람도 말할 기회를 주세요. 축구를 할 때는 공을 패스해주세요. 일상생활에서 이렇게 남의 자리를 만들어주는 방법으로는 구체적으로 어떤 것들이 있을까요?

# 일

· · ·

제가 만나본 이십 대 여성들은 대부분 함께 사는 남자친구가 집안일을 잘 돕지 않는다고 불평하더군요. 이렇게 말하니까 별일 아닌 것 같은데 실은 그렇지가 않아요. 한번은 알고 지내는 어떤 여자에게 저녁 모임에서 이런 말을 들었어요.

"남친에게 매번 이것 좀 해줘, 저것 좀 해줘, 말하다 보면 애정이 식어. 그 사람이 좀 더 노력하는 모습을 보이지 않으면 헤어질까 생각 중이야."

특정 집안일을 하지 않으려는 남자들의 문제는 그들이 어렸을 때부터 시작됐을 겁니다. 부모들이 대개 아들보다는 딸에게 집안일을 더 많이 시키니까요. 아들에게는 아무것도 시키지 않으면서 딸에게만 집안일을 도우라고 하는 가정도 있습니다. 학교도 마찬가지입니다. 교사들도 교실 정리정돈 같은 일은 여학생들에게 더 많이 시키죠.

여러분은 집안일을 나 몰라라 해서는 안 된다고 머리로는 이해할 겁니다. 하지만 머리로만 이해하고 행동을 바꾸지 않는다면 정말 큰 문제가 될 거예요. 여러분이 이성애자이고 장차 여성과 가정을 꾸릴 생각이 있다면 말이에요. 여러분이 어른이 되면, 여자와 행복하게 살기를 원하는 남자에게 이 책이 던져주는 최고의 조언은 바로 이거였다고 생각할걸요.

## 존중의 기술 6. 일을 공평하게 분배하세요

여자는 남자를 위해 청소와 요리를 해주는 하녀나 노예가 아닙니다. 여자와 남자가 똑같이 가치 있는 존재라고 생각한다면 집안일을 공평하게 나누고 적극적으로 감당해야겠지요.

남자들 대다수는 남녀의 구별 없이 일을 공평하게 해야 한다고 생각합니다. 남성의 92퍼센트는 가정을 이루면 가사와 육아를 공평하게 분담하고 싶다고 대답했습니다.[17]

부모님이 집안일을 여러분보다 누나나 여동생에게 훨씬 더 많이 시킨다고 생각한다면 여러분이 그런 부분을 바꿨으면 좋겠다고 말씀드리세요. 그래도 달라지는 게 없으면 여러분이 먼저 나서서 누나나 여동생의 일을 분담하세요. 어머니가 누나에게 설거지를 부탁하면 "아뇨, 제가 할게요"라고 할 수 있겠죠.

학교에서 단체 여행을 가거나 캠프를 가면 퇴소일에는 숙소를 정리하는 시간이 있습니다. 이럴 때면 남자애들은 도대체 뭘 하는지 보이지도 않고 여자애들만 열심히 일하곤 하지요. 이때도 선생님이나 다른 어른이 시키기 전에 먼저 솔선수범하는 자세를 보이세요.

### 존중의 기술 다시 한번 정리해보기!

존중의 기술 1. 나부터 존중하세요
존중의 기술 2. 다른 사람의 경계를 침범하지 마세요
존중의 기술 3. 소문이 나지 않게 하세요
존중의 기술 4. 다른 사람의 삶을 통제하려 하지 마세요
존중의 기술 5. 상대의 말에 귀를 기울이고 그 사람의 자리를 내어주세요
존중의 기술 6. 일을 공평하게 분배하세요

# 섹스의 이미지

텔레비전을 켜고 영화나 드라마에서 나오는 베드신과 여러분의 성생활을 비교해보세요. 화면에서 펼쳐지는 장면은 대략 이럴 겁니다. 등장인물은 남자와 여자겠지요. 두 사람이 옷을 벗으면서 키스를 합니다. 그다음에 남자는 음경을 여자의 질에 삽입하는 형태의 섹스를 하죠. 남자가 10초쯤 왕복 운동을 하고 두 사람은 오르가슴에 도달합니다. 그 후 남자와 여자는 만족한 표정으로 침대에 나란히 누워 있지요.

사회도 동일한 섹스 이미지를 강화합니다. "음경을 질에 넣는다"는 표현으로 압축될 수 있는 이 이미지가 전부죠. 가령 생물 교과서에도 섹스는 자녀를 낳기 위한 행동으로만 기술되어 있습니다. 그런데 대부분의 섹스는 쾌감을 얻고자 하는 육체적 행위입니다. 마찬가지 맥락에서 삽입과 섹스는 동의어가 아니에요. 삽입은 섹스의 여러 방식 중 하나일 뿐입니다. 남자와 여자는 삽입을 하지 않고도 같이 잘 수 있습니다. 그리고 사실 남자와 자는 걸 더 좋아하는 남자도 있고 여자와 자는 걸 더 좋아하는 여자도 있지요.

섹스의 고정된 이미지가 무한 반복되다 보니 이 이미지가 '올바른 섹스'라고 생각하게 됩니다. 사람들은 누구나 다른 분야에서와 마찬가지로 섹스에서도 올바른 방식을 취하고 싶어 하고요. 그래서 다른 방식으로도 쾌감을 더 많이 얻을 수 있는데도, 많은 사람들이 무조건 이 이상을 좇아 답습하기에 급급하지요.

젊은 사람들이 성행위의 다양성에 대해서 꽉 막혀 있는 모습을 보면 너무나도 안타깝습니다. 성생활이란 잠시 하고 마는 게 아니라 평생을 가는 것인데, 늘 똑같은 체위만 하다 몇 년 만에 지겨워진다면 손해가 이만저만이 아니잖아요.

# 사랑해준다는 것
·····················

잘 생각해보면 애무와 섹스를 뚜렷이 구분하기란 쉽지 않습니다. 사실, 옷을 벗지 않고도 쾌감을 느끼고 오르가슴에 도달할 수는 있습니다. 그렇다면 이 두 행위를 어떻게 구분할까요? 저는 결정권을 여러분에게 넘기고 싶습니다. 개인적으로는, 벌거벗은 상태의 성기를 직접적으로 건드리지 않고 할 수 있는 모든 행위를 애무라고 생각합니다.

애무를 할 때는 충분히 시간을 들여 파트너의 체취, 맛, 온기, 신체를 탐색하세요. 파트너가 여러분을 탐색할 때는 그 기분 좋은 느낌을 만끽하세요. 애무를 하는 법은 아주 다양합니다. 이렇게 해보고 싶다, 이렇게 하면 흥분될 것 같다는 바로 그것을 해보세요. 그와 동시에 파트너의 신체 언어를 주의 깊게 살피면서 파트너가 무엇을 좋아하고 무엇을 싫어하는지 파악하세요. 키스하고 껴안기만 해도 충분할 때가 많아요.

때로는 전희와 애무를 생략하고 진도를 막 나가기도 합니다. 어떤 사람들은 섹스만 중요하게 생각하죠. 그런데 섹스를 가장 중요시해서 좋을 건 없습니다. 그 이유는 섹스는 하기 싫고 단지 사람과 꼭 붙어 있는 느낌, 특수한 친밀함만 원할 때도 있기 때문이에요. 애무는 감정과 감각을 증폭시켜줍니다. 그로써 성관계를 나누는 동안 서로의 신체 접촉을 더 민감하게 느끼게 되는 분위기가 형성되지요.

## 브래지어 벗기기

상대가 브래지어를 착용하고 있다면 벗어달라고 말하고 어떻게 하는지 지켜보면 됩니다. 하지만 여러분이 직접 벗기고 싶거나 왠지 그런 말이 분위기를 깰 것 같다면, 상대의 등을 바라보고 앉습니다. 이 자세가 브래지어를 벗기기에 편하죠. 그 상태에서 브래지어 고리를 눈으로 확인하고 손으로 풀어주세요. 목덜미에 키스를 하고 등을 부드럽게 애무하는 것도 잊지 마세요! 브래지어를 푸는 동작이 훨씬 더 에로틱하게 느껴질 거예요.

### 애무의 오만 가지 방식

· 키스하세요. 키스하고 또 키스하세요.

· 서로 꼭 껴안으세요. 포옹은 서로에게 자극이 될 뿐 아니라, 상대의 몸에서 느껴지는 온기가 아주 특별한 느낌을 줍니다.

· 옷을 입은 상태에서 몸을 만져주세요. 가슴, 엉덩이, 성기 같은 성감대뿐만 아니라 등, 팔, 허벅지 등을 어루만져주세요.

· 얼굴을 애무하는 것을 잊지 마세요. 손끝으로 속눈썹, 뺨, 입술, 귀를 만져주세요.

· 한 손을 옷 속에 넣어서 피부를 쓰다듬는 느낌으로 등과 배를 만져주세요.

· 목에 키스를 하고 혀로 핥거나 빨아주어도 좋습니다. 그러나 자국이 남을 정도로 세게 빨지는 마세요! (실핏줄이 파열되면서 남는) 키스 마크는 며칠간 없어지지 않는데, 그런 흔적을 목에 남기고 싶어 하지 않는 사람도 있으니까요.

· 서로 투닥거리거나 간질여보세요. 물론 가벼운 놀이처럼 하는 행동이어야 합니다. 긴장을 풀고 분위기를 부드럽게 하는 효과가 있을 거예요.

· 귀를 뽀뽀하고 혀로 핥고 빨아주세요. 귀는 우리가 종종 지나치기 쉽지만 실은 매우 민감한 신체 부위랍니다. 처음에는 가볍게 귓바퀴부터 시작해서 점점 안쪽으로 들어가세요. 하지만 너무 성급하게 공략하면 상대가 불쾌감을 느낄 수도 있으니 느긋하게 시간을 들이세요.

· 옷을 입은 상태에서 서로 성기를 비벼보세요. 혹은 그 상태에서 삽입 섹스를 하는 것처럼 체위를 취해볼 수도 있습니다. 이제 곧 옷을 벗고 하게 될 행위를 연상하는 것만으로도 흥분이 고조될 거예요.

· 옷을 벗지 않은 상태에서 파트너의 성기를 손으로 마찰해주세요.

· 엉덩이를 만져주세요. 꼬리뼈에서 시작해서 엉덩이 골을 따라 내려와 허벅지까지 쓸어주세요.

· 가슴에 키스하고 젖꼭지를 핥고 빨아주세요. 원하면 가볍게 물어도 좋지만, 남자나 여자나 젖꼭지는 매우 민감한 부분이기 때문에 상대가 아파하지 않도록 주의해야 해요. 그리고 젖꼭지와 그 주위가 아닌 가슴 전체도 애무해주세요.

· 속옷을 벗기지 않은 상태로 성기를 애무하세요. 상대가 여자라면 팬티가 축축해지는 것을 느낄 수 있을 거예요. 그 부분을 손가락으로 문질러보세요. 상대가 남자라면 손을 팬티 속으로 넣어서 성기를 잡고 만져주세요.

· 겨드랑이를 핥아주세요. 약간 간지러우면서도 짜릿한 쾌감을 줄 수 있어요.

· 아프지 않게 살짝 깨무는 것도 애무와 같은 효과가 있습니다.

· 키스를 하면서 손으로는 허벅지를 위에서 아래로 쓸어주세요.

· 입에 문 얼음 조각으로 상대의 몸을 서서히 쓸어내리는 것도 애무가 될 수 있어요. 그런데 어떤 사람은 아주 찬 것을 역설적으로 더 뜨겁게 느끼고 자극을 받는다고 해요. 그러니 성관계를 처음 하는 사이에서는 이 방법을 삼가고 서로를 좀 더 잘 알게 됐을 때 써보세요.

· 다정하고 섹시한 말, 가령 지금부터 어떤 행위를 하고 싶다는 말을 상대의 귓가에 속삭여주세요.

· 입술을 팬티에 대고 성기 부분에 뜨거운 입김을 불면서 손으로는 상대의 얼굴을 어루만지세요. 팬티 위에서 성기에 키스를 하고 빨아들여 주세요.

# 처음은 처음답게

고등학생 때 체육 시간을 마치고 탈의실에서 옷을 갈아입는데, 같은 반 친구 몸이 키스 마크로 뒤덮여 있는 것을 보았습니다. 여기저기 멍든 것 같은 보라색 흔적이 어찌나 많은지 달마티안 개를 보는 것 같았죠. 그 친구는 다른 사람들의 시선을 즐기기라도 하듯 의기양양하게 샤워실로 들어갔습니다. 모두들 쟤가 누군가와 잤구나, 라고 단박에 알았지요. 그건 남자애들 모두가 부러워할 만한 일이었고, 심지어 다음에는 누가 또 그런 행운을 누리게 될까 궁금해하기도 했지요. 몸에 확실한 증거를 남겼다는 점에서 그 친구는 섹스를 해봤다고 말로만 떠벌리는 다른 남자애들과 달랐어요. 키스 마크라고는 전혀 없는 저는 왠지 패배감이 들었답니다.

만 17세 남자의 절반 정도는 아직 누군가와 성관계를 한 경험이 없습니다. 오히려 여자들이 성관계에는 먼저 눈을 뜨는 편입니다.[18]

지배적 남성성과 집단 효과에 매몰되면 나도 빨리 첫 경험을 해야 한다는 조바심이 듭니다. 그래서 섹스를 이미 해본 남자는 친구들 사이에서 괜히 으쓱한 기분이 들지요. 성 경험이 많으면 많을수록 남자들 집단 안에서는 우러러보는 대상이 되기도 하고요. 섹스를 좋아하는 사람이 타인과 스스럼없이 관계를 맺고 여러 사람과 경험을 해보는 것 자체는 좋은 일입니다. 하지만 모든 남자가 섹스에 집착하지는 않습니다. 모든 남자가 될 수 있는 대로 많은 상대와 섹스를 해보고 싶어 하는 것도 아니고요.

저는 닐스와 이 주제로 대화를 나눠보았는데요. 닐스는 동성을 좋아하는 남자입니다.

"하룻밤 상대와 즐기고 나서 '내가 이 사람이랑 왜 잤지?'라는 생각이 들 때가 많아. 그러니까 내 말은, 음…… 즐기긴 했는데 정말로 즐겁지는 않았던 것 같은 기분이랄까? 그런 경우는 그냥 누군가와 키스를 하고 같이 자고 싶었을 뿐, 꼭 그 사람이 아니어도 상관없었던 거지. 그런데 대개 키스와 섹스는 내가 사귀는 사람과 할 때 제일 좋더라고."

여러분도 자신이 성관계를 정말로 원해서 하는 게 맞는지 생각해보세요. 그리고 원한다는 확신이 들 때 하세요. 섹스는 자기 좋자고 하는 일이지 남들에게 잘나가는 것처럼 보이려고 하는 일이 아니랍니다.


## 스트레스받지 않기

저의 첫 번째 기회는 제가 사귀던 사람 집에서 있었습니다. 부모님들이 어디 가시고 집에는 우리 둘만 있었지요. 저는 빨리 첫 경험을 하고 싶었어요. 사실 저는 사람들이 한눈에 섹시하다고 느낄 만한 사람이 아니었기 때문에 저를 원하는 사람이 있다는 게 너무 기뻤죠. 하지만 마음 한편으로는 예감이 좋지 않았어요. 일단 너무 긴장했기 때문에 잘할 수 있을 거라는 엄두가 나지 않았어요. 환상 속의 섹스는 끝내줬지만 현실의 섹스는 왠지 두려웠죠. 그래서 저는 일단 거부했는데, 그리 자랑스러운 기분은 아니었어요. 저는 이 얘기를 아무에게도 하지 않았어요.

보름쯤 지나서 두 번째 기회가 왔어요. 이번에는 기회를 놓치고 싶지 않았죠. 어느 파티에서였는데 술을 좀 마시긴 했지만 정신은 또렷했어요. 섹스란 건 참…… 우스꽝스러웠어요. 진짜 그럴 줄은 몰랐다니까요. 그래도 굉장히 흥분은 됐어요. 솔직히 말하자면, 안타깝게도 제 상상만큼 좋지는 않았어요. 저는 알몸이 되어서 둘만의 시간을 갖는 걸 중요하게 생각했거든요. 저는 파티에서 도망치듯 뛰어나왔죠. 비밀스러운 세상으로 통하는 문이 이제 막 열려서 아주 잠깐 들여다본 것 같은 기분이 들었어요. 하지만 앞으로는 얼핏 보고 끝낼 게 아니라 제대로 바라봐야 한다는 것을 알았죠. 어쨌든 난 훌쩍 어른이 된 것 같았어요.

이처럼 첫 번째 성관계가 여러분이 바라던 것과 같지는 않을 겁니다. 제가 대화를 나눠본 남자들 중 일부는 굉장히 후회스러웠다고까지 했어요. 아흐메드는 이런 말을 했습니다.

"전 그때 너무 어렸어요. 그런데 주위 친구들이 다 기회가 되면 무조건 자야 돼, 라고 떠들어대니까 그래야 하나 보다 했고, 실제로 그런 식으로 첫 경험을 했어요. 문제는 첫 경험이 끔찍하게 엉망이었다는 거죠. 아마 상대 여자도 그렇게 느꼈을 거예요. 처음부터 끝까지 너무 애를 써서 그런지, 두 번 다시 이 짓을 하지 않겠다고 생각했어요. 저는 시종일관 불안해했고 나중에도 그 일을 떠올리면 기분이 착 가라앉았어요. 첫 섹스의 기억을 극복하는 데만 몇 년이 걸렸다니까요."

저는 이런 유의 사연을 들을 때마다 준비가 되지 않은 상태에서 첫 섹스를 하는 남자들이 참 많구나 싶습니다. 기회가 오자마자 덥석 달려들기보다는 좀 더 기다리는 편이 나을지도 몰라요. 당장은 좌절감이 들겠지만, 정말로 이제 해볼 수 있겠다는 기분이 드는 때를 스스로 정하는 편이 낫습니다. 예감이 좋지 않으면 욕구를 다스리세요. 하지만 그런 게 아니라면 섹스에 거리낌을 가질 필요는 없습니다!

## 스스로 준비가 되었는지 아는 법

· 남자들 사이에서 불러올 평판이나 위상이 신경 쓰여서가 아닌, 오로지 나 자신을 위하여 이 관계를 하고 싶다.

· 이 관계에 확실히 끌린다.

· 첫 번째 성관계를 함께 하려는 상대가 괜찮다(그 사람과 있으면 안전한 느낌이 드는지, 그 사람을 정말로 원하는지 등등).

· 이미 애무, 전희, 키스 등을 해본 적이 있다(아직 그런 경험이 없다면 '오늘은 애무까지만, 섹스는 이다음에' 정도로 조절해도 좋습니다).

· 예감이 좋다.

### 수많은 처음을 기억하기

'순결을 잃는다', '동정을 바친다' 등 '첫 경험'을 나타내는 표현은 꽤 많습니다. 하지만 저는 두 가지 이유에서 방금 인용한 표현들을 좋아하지 않습니다. 순결이나 동정이라는 단어 자체가 순수성을 의미하는 이상, 섹스를 경험하면 뭔가 더러워지고 오염되는 것 같은 인상을 주잖아요. 실은 그 반대입니다. 더욱이 저는 섹스를 경험함으로써 뭘 잃어버린다고 생각하지 않습니다. 오히려 경험을 얻는 셈이고, 누군가와 은밀한 시간을 나눠 가지며 쾌감도 얻잖아요. 이보다 더 좋은 게 어디 있겠어요?

그리고 박탈 혹은 상실의 어감을 풍기는 표현은 뭔가 한 번은 털어내야 할 것을 털어낸다는 생각을 깔고 있죠. 이게 바로 문제입니다. 하지만 이러한 의미의 제한이 삽입만을 '진짜' 섹스로 간주하는 세간의 이미지와는 잘 맞아떨어지지요. 그래서 여자가 순결을 잃는다는 것은 오로지 삽입을 통해서만 가능하고, 삽입 섹스를 해야만 진짜 첫 경험을 한 것이라는 생각이 너무 광범위하게 퍼져 있습니다.

세상에는 다양한 형태의 섹스가 있고 처음으로 접할 수 있는 체위와 경험도 그만큼 다양합니다. 미친 듯이 사랑하는 사람과 처음한 섹스, 침대가 아니라 실외에서 처음 한 섹스, 처음으로 한 오럴 섹스나 항문 섹스, 처음으로 한 삽입 섹스, 처음으로 오르가슴을 느낀 섹스……. 이런 식으로 헤아리면 처음은 무수히 많을 수 있습니다.

그리고 바로 이런 이유에서 맨 처음이라는 것에 그렇게 큰 의미를 부여하지 않아도 됩니다. 첫 경험이 그리 좋지 않았어도 괜찮아요. 그런 사람은 한둘이 아닌걸요. 두 번째는 더 좋을 거고, 세 번째는 그보다 더 좋을 겁니다. 여러분은 매번 새로운 발견을 하고 경험을 쌓게 될 테니까요.

한 설문 조사에 따르면 최초의 삽입 섹스를 '좋았다'라고 느낀 남자와 여자는 전체의 50퍼센트 정도밖에 되지 않습니다. 이 결과만 보아도 알 수 있듯이, 섹스는 많이 할수록 좋아집니다.[19]

    가끔 저에게 맨 처음 하는 성관계가 그래도 좋으려면 어떻게 해야 하는지 물어보는 남자들이 있는데요. 저로서는 질문이 너무 어렵다고 대답할 수밖에 없습니다. 해보기 전에는 당연히 경험도 없고, 자신도 없고, 무엇을 어떻게 해야 하는지도 모르잖아요. 게다가 사람마다 섹스에 대한 관점이 다 다르니 좋은 점도 다 다르죠. 뭐, 그래도 원만한 첫 경험에 도움이 될 만한 팁을 꼽아보겠습니다.

## 첫 경험을 좀 더 좋게 하려면?

· 애무를 많이 하세요! 어떤 남자들은 옷을 벗고 돌진하면 다 되는 줄 알죠. 하지만 전희는 즐거운 성관계의 핵심 비결입니다. 충분히 시간을 들여 서로 흥분을 끌어올리세요.

· 기대를 낮추세요. 첫 번째 섹스가 인생 최고의 섹스가 아니라는 것만큼은 확실히 말할 수 있으니까요. 여러분과 파트너가 첫 번째 섹스는 분명히 환상적일 거라고 철석같이 믿는다면 실망할 확률도 그만큼 높아요. 처음 하는 섹스는 두 사람 모두에게 그저 그럴 수도 있고, 지나치게 빨리 끝나버릴지도 몰라요. 그래도 괜찮아요. 첫 번째 관계는 앞으로 겪게 될 성생활의 첫걸음일 뿐이라고 생각하세요.

· 첫 경험에서 너무 어려운 체위나 테크닉을 시도하려고 하지 마세요. 그보다는 여러분의 에너지를 파트너의 몸에 온전히 쏟아붓는 느낌이 중요

해요. 그 사람의 몸을 탐색할 때, 혹은 그 사람이 여러분의 몸을 탐색할 때 어떤 기분이 드나요? 처음이라면 꼭 삽입을 하지 않아도 괜찮아요. 지나치게 긴장한 상태에서 삽입을 시도하면 잘 안될 수도 있어요.

· 꼭 절정에 도달해야 하는 것도 아니에요. 두 사람 중 어느 한쪽이라도 신경이 곤두서 있다면 오르가슴을 느끼기 힘들 수도 있어요. 그러니 억지로 오르가슴에 도달하려고 하지 마세요. 그럴 때는 서로 잔잔한 쾌감을 느낄 수 있는 성감대에 집중하는 편이 나아요.

# 발기가 되지 않을 때

남자라면 누구나 찬물을 뒤집어쓴 것 같은 기분이 드는 소제목이죠. 여기에 대해 친구와 얘기를 나눠봤는데요. 그 친구는 걱정할 것 없다는 듯이 말했습니다.

"그게 안 서는 경험은 누구나 한 번쯤 해봤을걸. 특히 술을 많이 마셨을 때는 세우기가 진짜 힘들지!"

저는 그 말을 듣고 정말 그런가 싶었어요. 그때까지 발기가 안 되어서 곤란했던 경험이 한 번도 없었거든요. 그런데 그 말을 듣고 불과 몇 주 후, 어떤 파티에서 술을 좀 과하게 마셨어요. 그날 저는 파티에서 만난 사람과 제 집으로 갔어요. 둘이 옷을 벗었는데…… 제 물건이 서질 않는 거예요! 하지만 그게 세상이 끝날 것 같은 비극은 아니었어요. 전 그냥 이렇게 말했어요.

"미안하지만 내가 아무래도 너무 많이 마셨나 봐. 오늘은 그냥 잠만 자자."

그리고 우리는 침대에 나란히 누워 잠이 들었죠. 그날 밤도 그날 밤대로 아주 근사했어요.

---

성행위를 하는 동안 음경이 섰다가 죽었다가 하는 남자들은 많습니다. 발기가 되지 않아도 분명히 섹스를 즐길 수 있어요. 심지어 남자 4명 중 1명은 발기 없이 오르가슴을 느낍니다.[20]

---

발기가 되지 않는 이유는 여러 가지 상황으로 설명할 수 있는데요. 일단, 아직 어린 편이라면 음경이 서지 않는다고 해서 발기 부전을 걱정할 필요는 없습니다. 섹스를 잘해야 한다는 부담감에 신경이 날카로워져서 그럴 확률이 높아요. 섹스에 아직 익숙지 않거나 섹스를 너무 어렵게 생각해도 그럴 수 있고요. 술을 진탕 마시고 용기를 내거나 기분을 띄운 후 파트너와 자려다가 낭패를 보는 남자들도 많아요. 술은 발기에 긍정적인 영향을 미치지 않거든요.

발기가 되지 않는다고 세상이 무너지지는 않아요. 너무 심각하게 생각하지 마세요. 남자라면 누구나 그런 경험을 할 테고, 그런 일이 인생에 한두 번만 있으란 법도 없답니다.

## 허구한 날 발기가 안 되어 고민이라면?

· 성관계를 느긋하게 진행하세요. 스스로 충분히 시간을 들여 감각을 끌어올리세요.

· 자신에 대한 요구 수위를 낮추세요. 발기한 음경을 활용하는 행위 대신 다른 행위들을 시도해보세요.

· 자신에게 솔직해집시다. 그 상대와 정말로 자고 싶은 게 맞나요? 진짜 섹스를 하고 싶은가요, 아니면 내키지 않는데 억지로 하려는 건가요?

· 혹시 가정이나 학교나 직장에 자꾸 신경 쓰이는 문제가 있지는 않나요? 만약 그렇다면 섹스를 할 때 충분히 집중할 수 없으니 발기가 만족스럽게 되지 않는 것도 당연합니다.

· 섹스를 하기 전에 술이나 약을 복용한 경우, 혹은 지나치게 피로한 경우

에도 발기가 만족스럽게 되지 않습니다. 이때는 술기운, 약 기운이 가실 때까지 푹 쉬고 나서 시도해보세요.

· 정말로 발기에 문제가 있다고 생각되면 의사를 찾아가 전문적인 도움을 받으세요.

# 동의와 거절을 분명히 표현하기

여러분은 전희에서 성관계로 넘어가는 동안 파트너가 긍정적인 신호를 보내는지 살펴야 할 의무가 있습니다. 그러한 신호는 실제로 파트너가 자기에게 하는 행위를 좋아하는지 싫어하는지 알려주지요.

저는 그런 신호를 주의 깊게 살피는 편입니다. 상대가 좋아하는 것을 계속해주면 더 큰 쾌감을 줄 수 있지요. 그렇게 신호에 주의를 쏟으면서 이런저런 새로운 행위를 시험해보고 반응이 어떤지를 봅니다. 이 신호들이야말로 어느 방향으로 나아가면 더 큰 쾌감을 맛볼 수 있는지 가르쳐주는 섹스의 나침반과 같습니다. 그와 동시에, 상대를 존중하고 상대의 영역을 지켜준다는 표시이기도 하고요. 그렇게 해야만 저도 좀 더 안심이 되고 긴장을 풀 수 있습니다. 여러분도 그렇게 해보세요.

## 거절의 신호들

특히 거절의 신호를 잘 알아차리는 것이 중요합니다. 예를 들어, 상대의 바지 단추를 풀려고 하는데 거절의 신호를 받았다면 그 상황은 세 가지로 설명될 수 있겠죠. 첫째, 그 사람은 진도가 너무 빠르다고 생각해서 그랬을 겁니다. 이 경우, 여러분이 열기를 식혀야 합니다. 둘째, 그 사람은 애무는 계속 즐기고 싶지만 여러분과 섹스까지 갈 생각이 없을 겁니다. 이 경우에는 애무에서 더 나아가면 안 됩니다. 셋째, 그 사람은 여러분과 어떤 종류의 성적 접촉도 원하지 않을 겁니다. 이때는 당장 그 사람 몸에서 떨어지세요.

어쨌든 이런 종류의 신호를 받는다면 상대에게 어떻게 하고 싶은지 물어보는 게 낫습니다. 그러지 않으면 상대가 바라는 바를 오해할 소지가 있죠. 부정적 신호는 상대가 다른 행위, 다른 체위를 원한다는 뜻일 수도 있습니다. 말로 하지 않는 소통은 늘 해독이 쉽지 않으므로 잘 모르겠다 싶으면 말로 물어보세요. "이렇게 하는 거 괜찮아?", "내가 어떻게 해주면 좋겠어?", "이렇게 하는 편이 더 나아?", "잠시 쉬었다 할까?", "하고 싶지 않으면 그렇다고 말해."

## 주의 깊게 알아차려야 할 긍정적 신호들

그 사람이……

· 좋다고 말한다.

· 쾌감을 느끼는 것처럼 보인다.

· 기분 좋은 신음을 한다.

· 나를 꼭 붙잡는다.

· 내 몸을 애무한다.

· 나에게 키스를 한다.

· 내가 옷 벗는 것을 도와준다.

· 어떤 동작이나 체위를 먼저 제안한다.

· 편안해하는 것처럼 보인다.

· 나를 자기 품에 안는다.

· 미소를 짓거나 소리 내어 웃는다.

## 주의 깊게 알아차려야 할 부정적 신호들

그 사람이……

· 싫다고 말한다.

· 아픈 것 같은 표정을 짓는다.

· 잠들어버린 것 같다.

· 술을 많이 마셨거나 약 기운에 취해서 상황 판단을 못하는 것 같다.

· 말을 한마디도 하지 않는다.

· 팔이나 손으로 밀어내려고 한다.

· 망설이거나 겁에 질린 것처럼 보인다.

· 키스에 화답하지 않는다.

· 몸이 굳어 있다.

· 꼼짝하지 않는다.

· 그 밖에도 우리가 으레 알 만한(!) 부정적 신호들을 보낸다.

## 예외는 없다

강간은 상대가 부정적 신호를 보내는데도 일방적으로 섹스를 밀어붙이는 상황입니다. 어떤 행동은 "싫어"라는 말이 피해자의 입에서 나오지 않았거나 가해자가 폭력을 쓰지 않았다고 해도 강간으로 간주할 수 있습니다.*

대중매체는 강간범을 공원 수풀 속에 몸을 감추고 피해자를 노리는 잔인무도한 인간으로 묘사하곤 하지요. 그러나 실상은 그렇지 않습니다. 강간은 오히려 대개 가족의 거주지에서, 혹은 누군가의 집

___

\* 동의 없는 성관계는 폭력입니다. 어떤 사람들은 저항하지 않거나 "싫어"라고 말하지 않으면 동의한 것이라고 말하는데요. 분명히 말하지만, 적극적인 동의만 동의입니다. 상대가 대답을 하지 않거나 대답을 할 수 없는 상황이라면, 그것은 암묵적 동의가 아니라 암묵적 거절이라 생각하세요.

에서 일어납니다. 강간범은 피해자와 가까운 사이, 이를테면 피해자의 남자친구나 얼굴을 잘 아는 사람인 경우가 많았습니다. 이때 강간범은 자기는 멀쩡한 사람이고 자기가 한 것은 강간이 아니라 집안에서 이루어진 사생활이라고 생각합니다.

섹스에서 부정적 신호는 부정적 신호일 뿐이고, 싫다고 했으면 싫은 겁니다! 예외는 없다는 것을 똑똑히 알아두세요. 한쪽이 흥분했거나, 술에 취했거나, 이미 커플 사이라는 이유로 성적 유린을 눈감아줄 수는 없습니다. 상대가 섹시한 옷을 입고 와서 뜨거운 밤을 약속해놓고 성관계로 넘어가려는 순간 마음을 바꿨다 해도 여러분은 당장 멈춰야 합니다. 싫다는 의사 표시나 부정적 신호가 튀어나왔다면 그 즉시 그만두세요.

## 강요에 의한 섹스

강요에 의한 섹스도 가해의 일종이고, 다소 간과되는 경향이 있지만 몹시 만연해 있으며 특히 커플 사이에서 자주 일어나는 성폭력입니다. 주로 파트너에게 말이나 행동으로 성관계를 강요하는 형태로 이루어지지요.

부부 간의 속박 행위가 노골적이지 않은 모양새를 띨 때도 많습니다. 예를 들어, 남자가 여자에게 "당신이 날 정말로 사랑한다면 나하고 자야 해", "예전 여자친구는 이런 것도 해주고 저런 것도 해줬는데 너는 다 거부하는구나"라고 말하는 것도 그렇죠. 여자가 남자에게 "자, 너 나랑 자자. 설마 게이는 아니겠지?"라고 도발하는 것도 실은 문제가 있습니다. 두 경우 다 상대의 죄의식을 건드림으로써 상대가 원치 않는 성관계나 특정 성행위를 받아들이게 하려는 목적이 있으니까요. 게다가 어떤 사람들은 협박까지 동원하죠. 상대를 존중하지 않는 이러한 태도는 단연 사라져야 할 겁니다. 누군가를 사랑한다는 것은 그 사람에게 뭐든지 요구해도 된다는 뜻이 아니에요.

최근의 한 연구는 프랑스에서 15~17세 소녀의 4퍼센트, 18~19세 소녀의 5.1퍼센트가 강요에 못 이겨 성관계를 한 경험이 있다고 보고했습니다. 그런데 같은 연령대 소년의 경우 이 비율은 각기 0퍼센트, 3퍼센트로 크게 떨어집니다. 전체 인구 수준에서 보더라도 18~69세 여성의 18.9퍼센트는 강요에 의한 섹스나 그러한 시도를 경험한 반면, 남성은 5.4퍼센트만 그런 경험이 있습니다.[21]

# 6
# 동성애 아니면 이성애?

# 나는 누구를 사랑하는가?

나는 여자를 좋아하나? 남자를 좋아하나? 양쪽 다 좋아하나? 이런 의문이 들 때가 있습니다. 자신의 성적 지향을 의심조차 하지 않고 살다가 어느 날 문득, 어떤 사람에게 매력을 느끼거나 그 사람이 등장하는 에로틱한 꿈을 꾸고 나면 나도 나를 모르겠다는 심정이 되어버리지요.

내가 무엇을 좋아하는지 나보다 더 잘 알 수 있는 사람은 없습니다. 아무도 여러분을 대신해서 이것보다는 저것을 좋아해라, 이 사람보다 저 사람을 좋아해라 결정할 수 없지요. 자기 마음의 소리를 들어야 합니다. 나는 누구에게 더 끌립니까? 누구를 더 자주 보고 싶은가요? 자위를 하면서 누구를 떠올립니까? 만약 선택할 수 있다면 학교 친구들 중 누구 하고 키스를 하고 싶은가요?

욕망의 진정한 대상을 찾아내느냐 마느냐는 결국 자기 자신에게 달렸습니다. 머릿속에 울려 퍼지는 남들의 목소리를 차단하고 자기 목소리에만 집중해보면 쉽게 감이 잡힐 거예요. 남자를 좋아하는 감정도 여자를 좋아하는 감정만큼 귀합니다. 그리고 양쪽 모두를 좋아하는 감정이나 섹스를 원치 않는 감정도 전혀 부끄러울 게 없습니다.

174

## 알아내야 할 필요는 없다

어떤 사람은 자신의 성적 지향을 아주 쉽게 알아차립니다. 이런 사람은 안드레아스처럼 평생 자신의 성적 지향을 의심하지 않고 살아갈 수 있을 겁니다.

"나에겐 의심의 여지조차 없는 일이었어. 중학교를 졸업할 즈음부터 여자아이들에게 관심이 많아졌고 고등학교 가서 처음으로 여자친구가 생겼지. 첫 경험도 그 친구랑 했고. 그래, 나는 굳이 내 성적 지향을 재고해보거나 내가 혹시 게이는 아닐까, 라는 생각을 할 필요가 없었어."

자신이 어느 쪽을 좋아하는지 확실히 안다면 다른 데 눈을 돌릴 필요가 없어요. 자기가 좋아하는 것을 알고 자기 내면의 소리를 따라가는 게 제일 좋습니다. 그렇지만 모두가 이렇게 운이 좋진 않지요. 니클라스는 오랫동안 고민했습니다.

"주기적으로 한 번씩 그럴 때가 있어요. 제가 남자를 더 좋아한다는 생각이 들죠. 평소에는 남자와 여자를 다 좋아하는 것 같아요. 학교에 제 마음에 드는 남자애가 한 명도 없다는 게 문제죠. 우리 학교 남자애들은 다 너무 어린애 같아요. 저한테는 남녀 상관없이 그 사람 자체가 좋은지가 중요해요."

---

남자 10명 중 4명은 유년기나 청소년기에 동성과 성 경험을 한 적이 있다고 해요. 가장 흔한 경험은 상대가 보는 앞에서 자위행위를 하거나 서로 펠라티오를 해주는 것입니다. 항문 섹스까지 시도해봤다는 답변도 물론 있었고요. 이러한 경험을 한 남자들의 대다수는 이성애자였습니다. 이 조사는 개인의 성적 지향과 실제 성생활이 늘 일치하지만은 않는다는 것을 보여줍니다.

---

자기가 뭘 좋아하는지 모르는 게 꼭 문제라고 할 순 없어요. 빼도 박도 못하게 결정해놓을 필요도 없고요. 자신의 감정과 욕망을 따라가면서 좋아하는 것을 발견해보세요.

| 어휘 | |
|---|---|
| 헤테로섹슈얼 (heterosexual, 이성애자) | 여자를 좋아하는 남자 혹은 남자를 좋아하는 여자 |
| 바이섹슈얼 (bisexual, 양성애자) | 남자와 여자를 다 좋아하는 사람 |
| 호모섹슈얼 (homosexual, 동성애자) | 남자를 좋아하는 남자 혹은 여자를 좋아하는 여자 |
| 게이 | 남자를 좋아하는 남자 |
| 레즈비언 | 여자를 좋아하는 여자 |
| 에이섹슈얼 (asexual, 무성애자) | 성욕이 없거나 다른 사람과의 성관계를 원치 않는 사람 |
| 퀴어 | 두 가지 성과 세 가지 성적 지향에 국한될 수 없다고 생각하는 사람 |

## 자연의 성

저는 이 '자연의'라는 수식어가 영 못마땅합니다. 컴퓨터, 비디오게임, 안경은 자연의 산물이 아니지만 제가 매일 사용하는 것이죠. 제가 성교육 수업을 할 때 뭐가 '자연스러운/자연의' 것이냐고 묻는 학생들이 많습니다. 그래서 자연의 성에 대해서 말해볼까 합니다.

사실 인간과 놀랄 만큼 유사한 성생활을 하는 동물이 많이 있습니다. 동물도 자손을 보기 위해서만이 아니라 쾌감을 즐기기 위해 섹스를 합니다. 새끼를 밸 수 있는 시기가 아니거나 이미 수태 능력이 없어졌는데도 섹스를 하는 암컷들이 있지요. 게다가 인간처럼 자위를 하는 동물도 많답니다.

인간처럼 동성과 성관계를 하는 동물도 한두 종이 아닙니다. 보노보, 고슴도치, 사자, 하이에나, 돌고래……. 연구자들은 동성 간 성행위가 존재하는 동물을 이미 1,500종 넘게 찾아냈지만, 연구 자체가 최근에 시작되었으므로 이 수치는 더욱더 늘어날 것으로 보입니다. 심지어 어떤 종에서는—늑대 무리에서 수컷들끼리는—동성 간 성행위가 더 지배적이라고 하네요.

---

동성 간 연애와 섹스는 모든 시대, 모든 문화권에서 찾아볼 수 있습니다. 그러나 'homosexual'이라는 단어는 19세기가 되어서야 처음 등장했지요. 성경에도 다윗과 요나단의 사랑 이야기가 나옵니다(『사무엘상』 1장 18절~2장 1절).

---

동물도 때때로 동성 개체들끼리 함께 살아갑니다. 오스트레일리아 흑조는 흥미로운 일례입니다. 수컷은 어쩌다 한 번씩 암컷과 짝을 짓습니다. 그러나 알이 부화하고 새끼가 나오면 수컷은 암컷을 쫓아내고 다른 수컷을 데려와 둥지를 꾸립니다. 게다가 성체 수컷 두 마리가 키우는 새끼가 수컷과 암컷이 키우는 새끼보다 생존 확률이 높습니다. 진화라는 관점에서 오스트레일리아 흑조는 동성 파트너와의 동거가 장점이 될 수 있음을 보여주지요.

자연에는 흰동가리처럼 성을 바꿔가면서 사는 동물도 있습니다. 성교를 거의 하지 않거나 평생 하지 않는 동물도 있고요(무성생식으로 번식하는 일부 물고기나 도마뱀이 그렇지요).

물론 동물의 성과 인간의 성에는 차이가 있습니다. 어떤 늑대가 다른 늑대에게 "이 더러운 이성애자야, 비켜!"라고 하거나, 고슴도치가 게이 프라이드에 나갈 일은 없을 겁니다. 동물은 자기를 이성애자·게이·바이 등으로 규정하지 않으니까요.

동물의 성과 인간의 성이 무척 닮은 점이라면 바로 다양성일 겁니다.

## 타인들의 기대

제가 어렸을 때 부모님은 저에게 학교에 좋아하는 여자애가 있는지 가끔 물어보셨습니다. 학교 보안관 선생님은 운동장에서 남자애가 여자애를 때리거나 못되게 굴면 남자애가 여자애를 좋아해서 그런다고 했습니다. 부모님은 저에게 좋아하는 남자애가 있는지 물어보신 적이 없습니다. 보안관 선생님은 남자애들끼리 싸움이 났을 때는 걔들이 서로 좋아서 그런다고 해석하지 않았습니다.

그렇지만 통계 조사에 따르면 어린이와 청소년의 10퍼센트는 동성애자나 바이입니다. 그러나 우리는 세상 사람 모두를 으레 이성애자라고 생각합니다. 이러한 양상은 평생 이어지지요.

---

전체 남성의 88퍼센트는 자신을 이성애자라고 생각합니다.[22]

---

사회는 암묵적으로 모든 구성원을 이성애자로 간주합니다. 모두가 실상은 그렇지 않다는 것을, 성적 지향은 본인의 의지로 어찌할 수 없다는 것을 아는데도 말입니다. 그러한 전제는 오만 가지 상황

에 깊이 들어와 있습니다. 이를테면 친척 어른이 이성 친구가 있는지 물어보는 상황만 해도 그렇죠. 동성을 사귈지도 모른다는 가능성은 아예 배제하고 묻는 거잖아요.

본인의 성적 선호를 밝히지 않은 동성애자와 양성애자에게 이러한 타인들의 기대는 그 자체가 압박입니다. 그래서 그들은 자기 자신에게 회의를 느끼고 괴로워하곤 하죠. 우리는 평생 그러한 규범을 충족하는 이미지들을 주입당합니다. 자신의 차이를 깨닫고 삶에 실패한 것처럼 느낄 수도 있겠지만, 사실 남자를 좋아하는 감정은 여자를 좋아하는 감정과 똑같이 귀한 것입니다.

## 눈에 띄는 표시는 없다

후드티 차림의 사무엘은 머리를 거의 다 밀다시피 해서 운동선수처럼 보였습니다. 우리는 고등학교 휴게실에서 사랑과 외모라는 주제로 얘기를 나누었죠. 사무엘은 겉모습을 중요하게 생각했습니다. 그 친구의 스타일이나 몸에 걸치고 있던 브랜드 의류만 봐도 그런 것 같았고요.

그는 여자를 몇 번 사귀어봤고 남자들에게도 끌리는지는 잘 모르겠지만 가능성은 있다고 했습니다. 하지만 일부 게이들의 태도는 이해할 수 없다고 하더군요.

"마음에 안 드는 점은요. 왜 그렇게 '나 동성애자입니다' 광고하듯 특정 스타일을 고수하냐는 거예요. 그냥 평범한 남자들처럼 옷 좀 입으면 안 돼요?"

이 질문에 답변하기 전에 먼저 몇 가지 짚고 넘어갑시다. '평범한 남자들'이란 누구를 말하는 거죠? 왜 남들과 비슷하게 옷을 입어야 합니까? 자기가 어떤 사람인지 보여주는 스타일이 뭐가 나쁘죠?

사무엘은 누가 이성애자이고 누가 이성애자가 아닌지 알 수 있다고 생각했습니다만, 실은 그렇지 않습니다. 그는 여자들이 즐겨 입을 것 같은 옷을 입는 남자는 동성애자고, 체격이 딱 바라진 남자는 이성애자일 거라고 짐작했지요.

그의 어림짐작은 동성애에 대한 편향된 생각들에 근거한 것이었어요. 스타일이 그리 튀지 않는 사람을 보면 흔히들 그 사람은 당연히 이성애자일 거라고 생각해요. 그런데 통계를 살펴보면 그렇지도 않아요. 우리는 늘 동성애자, 양성애자를 마주치며 살아요. 학교, 체육관, 파티 같은 곳에서 말이에요. 사무엘도 운동선수 같은 스타일이어서 으레 이성애자려니 생각했는데, 나중에 알고 보니 동성애자나 양성애자였던 적이 있다고 말했어요.

## 연습: 다양성 관찰하기

사람들이 많이 지나다니는 곳에 자리를 잡고 앉아서 행인들을 관찰하세요. 행인들의 연령대, 성별, 피부색은 생각하지 마세요. 열 번째 행인이 동성애자나 양성애자라고 상상해보세요. 그 사람이 지팡이를 짚은 노인이든, 정장을 차려입은 남자든, 스카프를 두른 젊은 여자든, 그런 것은 상관없어요. 이 연습은 일상에서 마주치는 사람들을 새로운 시선으로 바라보고 '성소수자'가 여러분 생각보다 더 많이, 더 다양하게 존재한다는 사실을 깨닫도록 도와줍니다.

"그러고 보니 어쩌면 그 사람들도 날 이성애자라고 생각했을 것 같네요……." 사무엘이 말했어요.


## 차이에 대한 공포

동성 간 성관계를 용인하거나 오히려 기대하기까지 하는 사회는 예로부터 늘 있었어요. 그러나 우리 사회는 정반대죠. 이 사회는 모두가 이성애자로 살아가고 거기서 벗어나지 않기를 기대해요. 그러다 보니 동성애자와 양성애자에게는 부정적 함의의 '다름'이라는 딱지가 붙기 일쑤죠.

어떤 이들은 자기와 다르거나 이상한 것을 두려워하고 멀리하고 수상쩍게 여깁니다. 모든 인간이 이성애자가 아니라는 사실이 무슨 기이한 추문이라도 되는 양 반응하기도 하고요. 그러한 감정을 '호모포비아(동성애 혐오)'라고 부르죠. 호모포비아는 본인의 성적 지향과 별개로 나타날 수 있습니다.

'정상'으로 간주하는 성에 대한 시각은 시대마다 다릅니다. 1940년대에는 여성의 젖꼭지를 빠는 것도 변태적인 행위라고 생각했어요. 젖먹이 아기면 모를까, 다 큰 남자가 그래서는 안 된다고 여겼지요.

호모포비아는 짓궂은 농담에서부터 경멸, 따돌림, 신체적 폭력 등 다양한 모양새로 드러납니다. 호모포빅(동성애 혐오자)들의 상당수는 일상에서 만나는 주위 사람들 중에도 동성애자나 양성애자가 있다는 생각을 하지 못합니다. 그러니까 회사 동료, 절친, 누나 앞에서 게이를 불쾌한 농담거리로 삼으면서도 그 말이 누군가에게 칼이 될 수 있다는 걸 모르죠. 만약 커밍아웃을 하지 않은 게이가 이 사람 바로 앞에 있다면 속으로 상처를 받으면서도 겉으론 내색하지 않을 겁니다.

호모포비아가 전반적으로 퍼져 있는 분위기에서 자기가 동성애자나 양성애자라고 밝히기는 쉽지 않아요. 여러분이 다니는 학교를 생각해보세요. 자기가 동성애자임을 밝힌 친구가 몇 명이나 있나요? 호모포비아가 기승을 부릴수록 동성애자나 양성애자가 마음 편히 살기는 쉽지 않을 겁니다.

---

자신의 성적 지향에 확신이 없는 남자들은 호모포비아 성향을 강하게 드러냅니다. 십 대 소년들이 나이를 먹을수록 호모포비아가 점점 누그러지는 이유도 여기에 있습니다. 호모포비아는 기본적으로 극복하거나 다스릴 수 있는 혐오입니다.

---

## 호모포비아는 치료할 수 있다

인류의 엄연한 한 부분을 혐오하면서 세상을 마음 편히 살아갈 수는 없으므로 호모포비아는 본인의 삶에도 불리하게 작용합니다. 다행히 호모포비아는 치료가 가능합니다. 레저 센터에서 일하는 마흐무드는 자기도 옛날에는 호모포빅이었다고 고백했습니다.

"어쩌다 보니 그냥 그렇게 됐더라고요. 그런 문제를 깊이 생각한 적도 없었을걸요? 그냥 동성애자들이 징그러웠어요. 그런데 전 원래 다른 나라 사람이었잖아요? 제가 살던 나라에서는 게이랑 친구가 된다는 건 상상도 할 수 없었어요."

　마흐무드는 친구들과 이비자로 여행을 다녀온 후에 생각이 크게 바뀌었다고 해요. 그는 클럽과 유흥으로 유명한 이 섬에서 매일 밤 파티를 즐길 꿈에 부풀었죠. 그런데 이비자에서 마흐무드는 동성애자들의 무리를 만나서 그들과 대화를 나누었을 뿐 아니라 꽤 친해지기까지 했대요.

　"걔들은 전혀 이상하지 않았고 오히려 되게 괜찮은 애들이었어요. 제가 편견에 찌들어 상상했던 모습과는 완전히 달랐죠. 말도 잘 통해서 우리는 금세 친구가 됐어요. 매일 저녁 모여서 파티를 했는데 진짜 재미있었어요."

　게이에게는 말도 걸지 않던 마흐무드가 이비자에서 호모포비아를 싹 날려버리고 돌아온 겁니다.

　"지금은 술집에서 게이를 만나면 같이 수다도 떨고 재미있게 놀아요. 그 친구의 성적 지향이 저에게 중요하지도 않고요. 전 제가 이렇게 변해서 참 잘됐다고 생각해요."

　제가 아는 심리학 교수는 호모포비아도 여타의 심리적 두려움이나 공포증과 별반 다르지 않다고 하더군요. 사람은 자기가 잘 모르는 것을 두려워하고, 그것과 관련하여 머릿속으로 무서운 이미지를 상상하게 마련입니다. 하지만 자기가 두려워했던 것과 좀 친숙해지면—게이임을 밝히고 사는 사람과 친구가 된다든가—더 이상 두렵지만은 않을 거예요.

# 이성애자로 산다는 것

여러분은 여자를 좋아하는 게 맞다는 확신이 이미 있을지도 모릅니다. 자신의 욕망이 누구를, 어느 쪽을 향하는지 알면 그 방향으로 즐거움을 개척하면 됩니다. 하지만 여러분이 알아야 할 것이 있는데요. 호모포비아는 동성애자, 양성애자를 탄압하는 데서 그치지 않아요. 호모포비아의 핵심 역할은 이성애자들을 통제하는 것인지도 모릅니다.

생각해보세요. 이성애자 남자들이 가장 치를 떨고 질색하는 게 뭔가요? 네, 남들에게 게이라고 의심이나 오해를 받는 겁니다. 게이에 대해서 안 좋은 말을 너무 많이 들었기 때문에 '게이'라는 말 자체를 욕으로 간주하는 거죠. 그럼, 남들에게 동성애자로 오해받지 않으려면 어떻게 해야 할까요? 그래요, 절대로 튀지 않아야겠지요. 달리 말하자면, 집단 효과를 맹목적으로 좇으면서 지배적 남성성을 구현해야겠지요.

호모포비아는 이성애가 다른 성적 지향보다 '정상'이고 우월하다는 잘못된 생각을 강화합니다. 그와 동시에, 호모포비아는 우리의 발목을 잡고 우리가 온전한 자기 자신으로 사는 것을 방해합니다. 남자가 지배적 남성성을 따르지 않겠다고 결심하면 그때부터 '호모'로 비하당하고 자존감에 상처를 입을 일이 많아지지요.

다른 사람이 아닌 여러분 자신을 위해서 호모포비아에서 벗어나세요. 그래야만 자기 자신과의 관계, 그리고 무엇보다 여러분 주위의 동성애자, 양성애자와의 관계에서 콤플렉스 없이 홀가분한 마음으로 살아갈 수 있습니다.

# 동성애자나 양성애자로 산다는 것

자신이 동성애자나 양성애자임을 깨달았을 때 그 반응은 여러 가지로 나타납니다. 앞으로 근사한 남자들을 사귈 생각에 내심 들뜰 수도 있고, 자기를 당연히 이성애자라고 생각하는 주위 사람들이 이 사실에 실망할까 봐 걱정할 수도 있으며, 주변인이 된 듯한 기분이 들 수도 있겠지요.

만약 여러분이 걱정하고 있다면 이 말이 위안이 되었으면 좋겠네요. 현재 프랑스에서는 남자가 남자를 좋아한다고 해서 크게 곤란할 일은 없습니다. 시대가 많이 바뀌었고, 이 나라는 동성애를 금지하는 국가도 아니니까요. 프랑스 법은 동성애자와 이성애자 모두에게 개인이 마땅히 누려야 할 권리를 부여하고 보호합니다. '남남 커플'도 얼마든지 결혼을 하거나 자녀를 양육할 수 있지요.

성소수자로서의 삶의 한 가지 좋은 점은 사회의 기대를 자연스럽게 깬다는 것입니다. 원한다면 사회가 만들어놓고 강요하는 길이 아닌 다른 길을 더 쉽게 선택할 수 있죠. 여러분은 자녀를 낳고 싶지 않을지도 모릅니다. 혹은 지배적 남성성을 구현하고 싶지 않거나, 한 곳에 정착하지 않고 여행을 하며 살고 싶을지도 모릅니다. 만약 여러분이 이미 다른 길을 걷기 시작했다면, 이 모든 것이 더 쉬울 겁니다.

## 호모포비아를 대하는 법

그렇지만 여러분은 얼마 지나지 않아 결코 가볍지 않은 문제에 부딪히게 될 겁니다. 그 문제는 바로 호모포비아입니다. 앞에서 설명했듯이 호모포비아는 우리 주위에 만연해 있기 때문에 게이임을 밝힐 것인지 혼자만의 비밀로 할지 마음을 정해야 합니다. 호모포빅은 여러분의 가족이나 같은 반 친구, 교사, 성직자, 텔레비전에 나오는 정치인일 수도 있습니다. 그들이 지껄이는 끔찍한 혐오 발언에 아직 어린 게이는 충격을 받을 테지요. 전직 스웨덴 사회부 장관 고란 하그룬드조차도 "만약 제가 선택할 수 있는 일이라면, 아이는 남자와 여자가 키우는 편이 낫다고 봅니다"라면서 자신의 무지를 고스란히 드러내는 발언을 했지요.

여러분 주위에 허심탄회하게 얘기를 나눌 수 있는 누군가가 있기를 바랍니다. 가족이나 친구, 청소년 클럽이나 기타 단체에서 만날 수 있는 사람도 좋아요. 하지만 안타깝게도 이렇게 대화 상대를 찾으려다 되레 호모포빅을 정면으로 마주치기도 해요. 그래도 포기하지 말고 찾아보세요. 여러분 같은 청소년 성소수자를 도와줄 수 있는 사람을 꼭 만날 거예요.

호모포비아가 두드러지는 생활환경이나 가정에서 살고 있다면 그래도 시간이 지나면 좀 나아질 거라고 생각하세요. 저도 알아요. 이 말이 지금 당장은 별로 위로가 되지 않겠죠. 하지만 여러분은 이사를 갈 수도 있고, 여러분을 있는 그대로 좋아하지 않는 호모포빅 친구들과 서서히 멀어질 수도 있어요. 지금 당장은 참기 힘든 상황이 차차 좋아질 수 있고, 여러분을 가장 힘들게 하는 사람들과 언젠가 훨씬 더 좋은 관계를 맺을 수도 있어요.

호모포비아와 이성애를 당연시하는 태도가 청소년 성소수자들을 무척 힘들게 합니다. 그들은 청소년 이성애자들보다 스트레스와 불안을 더 많이 겪고 자살 생각도 더 많이 한다고 해요.[23]

호모포비아를 내면화하지 않는 것이 무엇보다 중요합니다. 호모포비아는 우리 주위에 널리 퍼져 있기 때문에 자기도 모르게 호모포비아의 주장과 관점을 받아들일 수 있습니다. 실제로 본인이 성소수자이면서도 이성애자가 아닌 것보다 더 큰 불행은 없다고, 지배적 남성성을 좇지 않으면 큰일 난다고 생각하는 사람도 있지요. 그런데 이런 사람은 자신의 욕망을 거역하면서 살기 때문에 성소수자임을 드러내놓고 사는 사람보다 더 불행해지기도 해요.

슬퍼하기보다는 분노하세요. 호모포비아가 버젓이 판을 치고, 이성애자로 살라고 강요하는 세상에 분노할 만도 하잖아요. 슬픔은 여러분을 더 갉아먹을 뿐이니까 차라리 분노하세요. 그리고 다른 성소수자들이나 다양성을 포용하는 사회를 만들기 위해 투쟁하는 페미니스트들을 만나보세요. 그래야 여러분이 살기가 더 수월해지고 사회도 더 살 만해집니다.


## 성향이 같은 사람들을 만나보라

성소수자들은 자기가 다수와 다르고 비밀을 속에 담고 산다고 느끼기 때문에 외로워합니다. 그래서 자신과 비슷한 상황에 있는 사람을 만나면 더욱더 숨통이 트입니다. 이미 커밍아웃을 한 동성애자나 양성애자 들이 여러분에게 좋은 길잡이가 될 겁니다. 그런 사람들을 만나서 함께 활동하다가 사랑하는 사람이나 섹스 파트너를 발견할 수도 있지요.

여러분이 이러한 만남의 기회를 얻을 수 있는 단체들이 있습니다. 누군가와의 대화가 절실할 때 전화를 걸 수 있는 곳도 있고요. 어디든 분명, 여러분을 함부로 판단하지 않고 잘 이해해주는 사람을 찾을 수 있을 겁니다.

성적 지향을 너무 중요하게 생각하지 마세요. 여러분이 바이인데 다른 바이를 만나면 공통점이 있으니 아무래도 대화가 잘 풀릴 확률이 높지요. 하지만 그 공통점만으로 마음이 잘 맞는다면 세상 모든 이성애자는 성적 지향이 같으니까 다들 마음이 잘 맞게요?

앞에서 이성애자 남자들을 다루면서 집단 효과를 얘기했지만 사실 집단 효과는 동성애자들과 양성애자들에게서도 나타납니다. 여러분이 이 집단의 구성원들과 성적 지향이 같다고 해서 그들의 성향이나 습관까지 다 좇을 필요는 없습니다. 그들처럼 행동해야만 여러분이 진정한 게이 혹은 바이가 되는 게 아니에요. 그냥 자기답게 살면 그걸로 충분하죠.

## 게이 사이트 및 어플

게이 혹은 바이 남자를 대상으로 하는 웹사이트와 스마트폰 어플이 많이 나와 있습니다. 앱 스토어에서 '게이', '동성애' 같은 단어로 검색해보면 바로 여러 개가 뜨지요. 하지만 미성년자는 가입을 할 수 없습니다. 연령 제한을 두는 이유는 사용자 대다수가 친구나 연인을 찾는 데 그치지 않고 단발성 섹스 파트너도 구하기 때문입니다.

그라인더(Grindr, 동성애자 데이팅 앱)를 맨 처음 다운로드했을 때 함자는 열세 살이었습니다. 함자는 성적 지향을 숨기고 있었기 때문에 주위에 들킬까 봐 앱을 몇 번이나 삭제했었지요. 그래도 자꾸 끌리는 마음을 어쩔 수 없어서 결국 앱을 또 깔곤 했어요.

"우리 집에서 멀지 않은 곳에 사는 게이들을 찾아보는 게 재미있었어요. 시내에 나가면 그들을 볼 수 있지 않을까 두근대기도 했고요. 아쉽지만 밖에서 본 적은 없어요."

함자는 그라인더 앱을 통해서 누군가를 만나고 싶었죠. 하지만 그가 생각했던 대로 되지 않았습니다. 함자보다 나이가 많은 성인 게이들이 만남을 제안하고 그에게 나체 사진을 보내달라고 했어요. 함자는 몇 번 그들을 만나서 섹스도 했습니다. 때로는 아주 좋았지만 어떤 날은 함자가 원치 않는 항문 섹스를 강요하는 남자를 만나서 아주 곤욕을 치렀지요. 함자는 허겁지겁 옷을 챙겨 그 집에서 도망쳤습니다.

만 15세 이하 유소년에게 포르노그래피 성격을 띠는 이미지나 글을 유포하는 행위는 소아 성애에 해당하며 법으로 금지되어 있습니다. 또한 만 18세 이하 청소년도 법적으로 보호를 받습니다.* 만약

---

* 우리나라의 경우 아직 위와 같은 법은 없습니다. 그러나 '텔레그램 N번방 사건' 이후 디지털 성범죄 관련 법 제정 및 수정이 필요하다는 요구가 증가하고 있습니다.

여러분이 만 15세 이하인데 성인 남자가 접근을 한다면―비록 그런 남자들이 다 나쁜 사람이지는 않지만―그 의도가 불순한 것일 수 있습니다. 함자는 자기가 어렸을 때는 그런 법적 제한이 짜증 났다고 하더군요.

"그런 앱 아니면 어디서 저 같은 남자들을 만나요? 제 주위에는 게이임을 밝힌 사람도 없었고 저 역시 가족들에게 비밀로 하고 있었으니까요. 오히려 지금은 그런 만남 사이트에 드나들지 않아요. 제가 여태까지 살면서 가장 잘한 일은 인종차별과 싸우는 청소년 단체에 가입한 거예요. 거기서 페미니스트 친구들을 많이 만났고 비로소 저의 성적 지향에 대해서 털어놓을 수 있었죠. 게이 남성으로서의 나 자신에 대해 그라인더보다 그 단체에서 더 많이 배웠어요."


## 커밍아웃, 할 것인가 말 것인가

커밍아웃은 자신이 동성애자임을 다른 사람들에게 밝히는 거예요. 아담은 중학생 때는 커밍아웃을 할 수 없었습니다. 다들 어릴 때부터 허물없이 지내온 친구였지만, 그들에게 성적 지향을 드러내는 순간 따돌림당할 것이 두려웠지요. 그런데 고등학교에 가서 새로운 친구들이 생겼습니다.

"제가 살던 곳은 소도시였지만 우리 고등학교에는 음악 전공 지망생만 모아놓은 특별반이 있었고 나도 그 반이었어요. 특별반에 들어오려고 멀리 외지에서 온 학생들이 많았죠. 그러다 보니 부모님과 떨어져 생활하는 애들도 있었고요. 다들 어릴 적부터 자기가 좋아하는 예술을 해서 그런지 주관이 뚜렷한 아이들이 많았어요."

아담은 처음으로 자기가 남자를 좋아한다는 말을 털어놓았을 때, 무슨 일이 생길까 봐 조마조마했다고 합니다.

"친구에게 문자를 보냈는데 걔는 아무렇지도 않다는 듯 반응하더라고요. 난리가 날 줄 알았는데 전혀 그렇지 않았어요. 그래서 다른 친구들에게도 차츰 털어놓게 됐어요. 그러다 어떤 파티에서 남자랑 껴안고 키스를 했는데 그게 학교 전체에 소문이 났죠. 어떤 친구들은 그다음부터 저에게 말을 걸지 않더라고요. 섭섭하지만 할 수 없죠, 뭐."

아담은 반년 후 부모님에게도 커밍아웃을 했습니다.

"게이 페스티벌에 가면서 편지를 한 장 남겼어요. 부모님이 집에 들어와서 보실 수 있게요. 사실 저는 동성애자고 그 문제에 대해서는 나중에 집에 돌아와서 차분히 얘기할 테니 전화하지 말아달라고 썼어요."

아담은 그렇게 하기를 잘했다고 생각하더군요. 얼굴을 보고 말했으면 당장 서로 감정을 주체하기 힘들었을 텐데, 글로 미리 알렸기 때문에 피차 생각할 수 있는 시간이 주어졌다나요.

"그래도 엄마는 전화를 하셨어요! 엄마는 저를 진심으로 사랑한다고 말씀해주셨죠. 집에 돌아와서 부모님과 얘기를 나누고, 싸우고, 많이 울었어요."

커밍아웃은 아담이 생각했던 것보다 힘겨운 일이었어요. 그래도 아담은 기꺼이 감수할 만하다고 생각했대요.

"많이 홀가분해졌고 더 자유로워졌다고 생각해요. 저는 저답게 살기 위해서 할 수 있는 일은 다 해야 한다고 봐요."

여러분이 원치 않는다면, 아직 준비가 되지 않았다고 느낀다면 커밍아웃을 하지 않아도 돼요. 성소수자임을 밝혀야 할 의무 따윈 없으니까요. 하지만 커밍아웃이 잘 이루어지면 해방감이 들 거예요. 가까운 사람들에게 뭔가를 숨기거나 거짓말을 하지 않아도 되니까요.

## 커밍아웃도 한 걸음씩

1. 성소수자 단체나 인터넷에서 여러분과 비슷한 처지에 있는 청소년 성소수자들을 만나보세요. 다른 사람들이 어떤 식으로 난관을 타개했는지 알고 나면 커밍아웃이 조금 더 수월해질 수 있습니다.

2. 상대를 신중하게 선택하세요. 입이 무거운 사람인가요, 아니면 다른 사람에게 말을 옮길 위험이 있는 사람인가요? 청소년 성소수자들은 대개 친구나 형제자매에게 먼저 커밍아웃을 하고 부모님에게는 한참 더 뒤에야 말씀을 드린다고 하네요.

3. 방해받지 않고 충분히 대화를 나눌 수 있는 장소를 선택하세요.

4. 여러분이 선택한 상대에게 그 사람을 신뢰하고 중요하게 생각하기 때문에 커밍아웃을 하는 거라고 설명해주세요.

5. 여기까지 잘 진행됐다면 앞으로 의지하고 도움받을 수 있는 누군가가 생긴 셈입니다. 만약 커밍아웃이 안 좋게 끝났어도 너무 상심하지 말고 상대를 잘못 골랐을 뿐이라고 생각하세요. 여러분에게 문제가 있는 게 아니라 상대가 포용력이 부족한 겁니다.

6. 앞에서 말했듯이 세상은 모든 이를 이성애자로 간주하기 때문에 여러분의 커밍아웃은 한 번만 하고 끝날 수 있는 일이 아니에요. 그렇지만 커밍아웃은 처음이 가장 어렵고 그다음부터는 조금씩 쉬워집니다. 여러분이 거짓 없이 터놓고 얘기하면, 여러분의 대화 상대 중에서도 여러분에게 커밍아웃을 하는 사람이 있을 거예요.

# 7
# 여자와 잔다는 것

# 여자랑 어떻게 하는 거지?

여러분의 파트너가 여자든 남자든 이 장과 다음 장 모두 건너뛰지 말고 읽기를 바랍니다. 여러분이 어떤 사람과 사랑을 나누든 간에 분명히 도움이 될 만한 조언과 연습을 찾을 수 있을 거예요.

여자들이 섹스에서 어떤 걸 좋아하는지 궁금해하는 남자들이 많습니다. 이 자체는 상대 여성에게 쾌감을 주고 싶어 한다는 뜻에서 매우 좋은 신호입니다. 그래서 어떤 책들은 "이러이러한 것을 하면 여자들이 좋아한다"는 걸 특히 강조하죠. 하지만 저는 욕망에는 개인차가 크다고 보기 때문에 그런 식으로 접근하지는 않겠습니다. 실제로 제가 여자들과 얘기를 나눠본 바로도 그랬습니다. 어떤 여자는 펠라티오나 쿤닐링구스 같은 오럴 섹스를 좋아하지만, 또 어떤 여자는 질색하고 싫어합니다. 그러므로 일반화는 전혀 도움이 되지 않더라고요.

가장 좋은 접근법은 파트너가 보내는 신호를 주시하고 그 신호대로 따라가는 겁니다. 그게 아니면 여자에게 어떻게 하고 싶은지 직접 물어보세요. 그렇지만 섹스가 파트너가 하자는 대로 다 하면 되는 것도 아니죠. 상대의 몸을 탐색하면서 자신의 욕망을 따르되 서로 하기 싫은 것은 하지 않아야 합니다.

기를 쓰고 어떤 체위를 구현하려고 하는 것보다는 자신의 욕구에 귀를 기울이는 편이 나아요. 여러분이 하고 싶은 게 뭔가요? 감각이 이끄는 대로, 뭔가 새롭고 흥분되는 것이 있으면 시도해보세요. 어쨌든 여기서는 몇 가지 기본적인 성행위를 설명하고, 제가 여자들과 얘기하면서 알게 된 사실을 참고하여 조언을 해볼까 합니다.

## 절대 금물입니다!

· 너무 빨리 삽입으로 넘어가지 마세요.

· 자기 욕망만 채우려고 하지 마세요.

· 여자의 성기가 충분히 젖지 않았다면 일단 물러나세요. 빨리 진행하려고 하지 말고 침이나 윤활제를 써서 상대를 흥분시키는 데 주력하세요.

· 포르노에서 봤던 행위를 따라 하려고 하지 마세요.

· '우악스럽게' 굴지 마세요. 특히 도입 단계에서는 상대의 몸을 부드럽게 다루세요.

## 이렇게 하면 좋아요!

· 신체의 모든 부분을 골고루 애무해주세요.

· 상대가 뭘 원하는지 살피세요.

· 두 사람 모두 쾌감을 얻을 수 있도록 노력하세요.

· 질에 삽입하는 데만 신경 쓰지 말고 외음부도 잘 마찰해주세요.

· 섹스가 끝난 후에도 상대를 배려하고 잘 챙겨주세요.

## 애무

섹스는 한 가지 방법으로만 하는 게 아닙니다. 손을 쓰는 방법은 그 중 가장 간단한 축에 속하죠. 신체는 모든 부분이 촉각에 민감하고 성감대는 사람마다 다 다릅니다. 그러니까 상대의 가슴과 성기에만 만족하지 말고 다른 부분도 탐색해보세요. 상대의 몸을 애무하고 잘 문질러주세요.

두 사람 중 어느 한쪽이 아직 알몸을 보이고 싶어 하지 않는다면 옷을 입은 채로 손을 써서 하는 성행위가 특히 적합할 거예요.

여자의 성기를 애무할 때는 충분히 시간을 들여 성기의 각 부분을 탐색하고 그때그때 파트너가 어떻게 반응하는지 잘 보세요. 대음순을 만질 때 상대가 더 쾌감을 느끼나요? 아니면, 음핵을 만질 때? 손끝에서 뭔가가 커지거나 단단해지는 감촉이 오나요?

### 연습: 거꾸로 말하기 놀이

파트너와 평소 소홀히 하기 쉬운 신체 각 부분을 가지고 '거꾸로 말하기 놀이'를 해보세요. 방법은 아주 간단해요. 신체를 지칭하는 단어를 하나 제시하면, 상대는 그것을 거꾸로 말하고 다시 다른 단어를 제시하는 겁니다. 가령, 내가 "종아리"라는 단어를 제시하면, 상대는 거꾸로 "리아종"이라고 말하고, 다시 새로운 단어인 "무릎"을 제시하는 거죠.

만약 제 시간에 단어를 제시하지 못하거나 단어를 거꾸로 말하지 못하면 놀이에서 지는 거예요. 게임을 하다 보면 평소에는 잘 생각하지 않았던 신체 부위에 대해서 새삼 생각해보게 될 거예요.

손끝이 애액으로 끈적거린다면 상대가 충분히 젖었다고 볼 수 있어요. 이러한 애액을 윤활제 삼아 상대의 몸을 탐색하세요.

파트너의 성기를 애무하는 일은 아주 중요합니다! 성기를 애무하면서 신체 다른 부분을 애무할 수도 있습니다. 그러나 성기와 항문을 같은 손으로 만지지 않도록 주의하세요. 상대 여자가 잘못하면 요도염에 걸릴 수도 있으니까요.


## 손으로 할 수 있는 다른 행위들

### 자위

단순한 애무의 대안으로 자위를 해보세요. 음핵의 귀두 포피를 문질러주세요. 이 경우 여러분의 손가락에 애액이 묻을 수도 있고 그렇지 않을 수도 있습니다. 단, 너무 건조한 손으로 마찰을 하면 파트너가 불쾌감을 느낄 수도 있으니 주의하세요.


### 압박

손바닥으로 음핵 위쪽에 봉긋 솟은 부분(비너스의 언덕)을 부드럽게 눌러주세요. 대음순을 가볍게 누르는 방법으로 음핵의 바깥쪽을 자극할 수도 있고요. 파트너에게 어떤 행위가 기분 좋은지 물어보세요.


### 손가락 넣기

파트너가 성적으로 흥분해서 충분히 젖었다면 손가락을 질 안에 넣을 수 있습니다. 그렇지만 손톱이 길거나 지저분할 때는 질벽에 상처가 날 위험이 있으니 절대 하지 마세요.*

### 따라 하기

파트너와 서로 신뢰할 수 있고 이미 섹스를 여러 번 해보았다면 파트너에게 자위하는 모습을 보고 싶다고 해보세요. 파트너가 여러분 눈앞에서 자위를 하다가 자연스럽게 여러분의 손을 잡아끌지도 모릅니다. 자기가 어떻게 하면 쾌감을 느끼는지 여러분보다는 본인이 더 잘 압니다. 그러니 파트너가 평소 하는 행위를 따라 해보면 어떨까요?

## 쿤닐링구스

쿤닐링구스는 상대 여성의 성기를 혀로 핥아서 쾌감을 주는 성행위로 쉽게 말해 음부를 핥는 겁니다. 이러한 구강성교는 극도의 친밀감을 느끼게 하지만 그와 동시에—특히 쿤닐링구스를 처음 할 때는—다소 막막하고 불편한 느낌이 들 수도 있어요. 두 사람 모두 쿤닐링구스를 원하지만 여러분이 아직 자신이 없다면 충분히 시간을 들이세요. 파트너의 허벅지나 배에 키스하는 것부터 시작해서 서서히 성기 쪽으로 진행하세요.

---

\* 사람마다 성감대가 다르듯이 질 내에 자극을 받는 위치도 각기 다릅니다. 그래서 누군가는 G - 스폿, 누군가는 A - 스폿이라고 위치를 정해 말하는데, 사실 정답은 없습니다. 삽입(흡입) 행위로만 오르가슴을 느끼는 여성은 드물어요. 왜냐하면 위에 언급한 스폿들은 음핵이 발기해야만 자극이 가능하기 때문이에요. 정확히 말하면 질 자극이 아니라 음핵 자극을 이용한 오르가슴인 거지요. 전희 단계에서 충분히 흥분하고 오르가슴을 경험하면 음핵은 발기하게 됩니다. 음핵 몸체는 질을 감싸고 있는 구조이기에 삽입을 통해 자극받기도 하지요.

기억해두세요. 여러분은 뭘 증명해 보이려고 쿤닐링구스를 하는 게 아닙니다. 섹스는 퍼포먼스나 경쟁이 아니에요. 여러분과 파트너가 하고 싶고, 이런 종류의 친밀감을 느끼고 싶다면 하는 겁니다.

여성의 93.9퍼센트는 쿤닐링구스에서 쾌감을 느꼈다고 답했어요.[24]

포르노 영화에서 봤던 대로 혀끝만 초고속으로 놀리는 쿤닐링구스를 흉내 내느라 이 순간을 망치지 마세요. 제가 여자들과 얘기해봤더니 모두들 혀를 빨리 움직인다고 해서 쾌감이 더 강렬해지는 건 아니라고 하더군요. 충분히 시간을 들이세요. 눈에 보이는 것을 보고, 맛을 보고, 느끼세요. 성기를 여러 가지 방식으로 핥아보세요. 부드럽게 했다가 지그시 눌렀다가, 혀를 쭉 폈다가 구부렸다가 하면서요. 그러면서 파트너의 반응을 잘 살피세요.

## 어떻게 해야 할지 모르겠다면?

· 성기의 어느 한 부분만 공략하지 마세요. 음핵, 대음순, 소음순, 질을 모두 혀로 자극할 수 있어요.

· 핥지만 말고 빨아보기도 하세요.

· 혀를 질에 넣어보세요.

· 손을 함께 사용하세요. 입을 쓴다고 해서 손으로 할 수 있는 일을 멈출 필요는 없어요.

· 남자가 여자에게 쿤닐링구스를 하는 동안 여자는 남자에게 펠라티오를 해주는 '69체위'를 시도해보세요.

## 마찰

여기서는 음경을 질에 넣지 않은 채 서로 비비기만 하는 것을 말합니다. 마찰에도 여러 가지 방법이 있지만 두 가지 예만 들겠습니다.

### 여성상위

남자가 누워서 다리를 모으면 여자는 음부가 남자의 포피륜에 닿게끔 다리를 벌리고 남자 위에 걸터앉습니다. 이 상태에서 남녀가 서로 성기를 마찰합니다. 이때 성기가 많이 젖을 수도 있습니다.

### 남성상위

이번에는 여자가 누워서 다리를 벌립니다. 남자가 여자 다리 사이에 앉습니다. 이 자세에서 여자가 주도권을 가지면 더 수월합니다. 여자가 손으로 남자의 성기를 잡고 자기가 쾌감을 잘 느낄 수 있는 곳을 문지르면 되니까요.

# 삽입

모든 여자가 삽입을 성행위의 핵심으로 생각하지는 않습니다. 삽입을 별로 좋아하지 않거나 몹시 아파하는 여자도 있거든요. 파트너가 삽입을 고통스러워한다면 절대 강요하지 마세요. 소음순 신경말단에 염증이 생기면 성관계 자체가 더 고역스러워지고, 결국에 가서는 여자가 삽입 섹스를 아예 기피하게 될 수도 있어요.

18~24세 여성의 6퍼센트는 지난 일 년 사이에 삽입 섹스에서 통증을 느낀 적이 있다고 답했습니다.[25]

삽입은 남녀 간의 섹스에서 한 부분일 뿐입니다. 그러므로 여자가 삽입을 거부하거나 삽입을 시도했지만 아파한다면 얼마든지 다른 방법으로 즐길 수 있습니다. 물론 두 사람 다 삽입을 좋아한다면 그렇게 하면 되고요!

## 다양한 체위를 시험해볼 것

성감대와 쾌감은 개인차가 크기 때문에 체위를 바꾸면 느낌도 달라집니다. 체위를 바꾸면 음경이 질에 들어가는 각도와 깊이도 달라지기 때문에 여러 체위를 시도해보는 것이 좋습니다.

하지만 섹스의 체위에 대해서 흔히들 오해하고 있는 부분이 있는데요. 예전에 어떤 기사를 보니까 체위를 다양하게 할수록 침대에서 능력 있는 남자라고 주장하더군요. 그 기사에 따르면 섹스를 한 번 할 때마다 체위를 열 번(!)은 바꿔야만 잘하는 거라나요! 실제로 제가 만나본 남자들 중에는 섹스를 무슨 퍼포먼스처럼 생각하는 사람도 꽤 많더군요. 두 사람이 쾌감을 좀 더 잘 느끼기 위해서 자세를 바꾸는 게 아니라, 침실이 무대라도 되는 듯 체위의 시연 자체를 중시하더라고요.

크리스티나는 이런 남자들을 한마디로 정리해주었죠.

"난 그런 남자들을 '서커스 단원'이라고 불러. 걔들은 자기가 무슨 포르노 배우라도 된 것처럼 상상할 수 있는 별의별 자세에 여자를 끼워 맞추려고 해."

---

남자 3명 중 2명은 삽입을 "섹스에서 꼭 해야 하는 것"이기 때문에 한다고 답했습니다. 그러나 그들은 사실 삽입 말고 다른 성행위에서 더 큰 쾌감을 얻는다고 털어놓았지요.[26]

---

긴장을 푸세요. 섹스는 운동 시합 같은 게 아니에요. 체위를 바꿔주는 것은 좋지만, 이미 쾌감을 충분히 느끼고 있는데 괜히 중단하고 다른 자세로 넘어갈 필요는 없어요. 이제, 다양한 체위를 알려줄게요.

### 기마 자세

남자는 누워서 다리를 모으고 여자는 말을 타듯 그 위에 올라앉아 다리를 벌립니다. 이 자세에서 여자가 삽입을 주도합니다. 여러분의 음경이 여자의 질에 들어갔다 나왔다 하는 모습을 볼 수 있고, 남자의 손이 여자의 유방, 배, 그 외 신체 다른 부분을 계속 애무하기 좋습니다. 이 자세를 변형하여 여자가 남자의 몸 위에 누울 수도 있습니다.

## 남성상위

여자가 누워서 다리를 벌리고 남자가 그 위에 누워서 삽입하는 자세입니다. 이 자세는 섹스를 하면서 여자에게 키스를 하거나 달콤한 말을 속삭이기 좋다는 점에서 낭만적인 데가 있지요. 여자가 남자의 등과 엉덩이를 계속 애무하기에도 아주 좋고요. 이 자세도 여러 가지 변형이 있습니다. 여자가 무릎을 한쪽 혹은 양쪽 다 세우기도 하고, 허리에 쿠션 따위를 받쳐서 엉덩이를 살짝 들어주기도 합니다.

## 후배위

여자가 두 손과 두 무릎을 바닥에 대고 엎드리고 남자는 여자 뒤에 무릎을 꿇고 상체를 세웁니다. 여자의 표정을 볼 수 없기 때문에 여러분은 여자가 보내는 신호에 더 신경을 써야 합니다. 이 체위에는 여러 가지 장점이 있습니다. 여자의 등, 엉덩이, 가슴, 배를 애무하기가 편하고 여자에게 자위를 해주거나 삽입을 할 때도 힘이 덜 듭니다.

## 스푼 자세

여자가 옆으로 눕습니다. 남자가 그 뒤에 같은 방향을 보고 옆으로 누워 몸을 딱 붙입니다. 여자가 다리를 벌리고 한쪽 다리는 남자의 허벅지에 올려놓습니다. 이 상태에서 남자가 여자 뒤로 삽입을 합니다. 이 자세는 서로 얼굴을 볼 수는 없지만 특별한 친밀감을 느끼게 합니다. 남자가 여자의 가슴, 배, 음핵을 애무하기에 좋은 자세이기도 하지요.

**프랑스 남성이 좋아하는 체위 TOP 4**

1. 후배위
2. 남성상위
3. 69 자세
4. 펠라티오/쿤닐링구스

**프랑스 여성이 좋아하는 체위 TOP 4\***

1. 후배위
2. 남성상위
3. 기마 자세
4. 펠라티오/쿤닐링구스

기마 자세

남성상위

후배위

스푼 자세

## 시작은 부드럽게

포르노 영화에서 남자 배우는 거대한 음경을 여자 배우에게 집어넣자마자 미친 듯이 절구질을 해댑니다. 이렇게 하면 여자는 통증을 느낄 수밖에 없죠. 발기된 음경은 처음에 여자의 질에 넣었던 손가락보다 굵고 길기 때문에 질이 약간 적응할 시간이 필요해요. 그러니까 처음에는 살살 넣어주세요. 음경의 귀두 부분만 넣고 조금씩더 깊이 들어가세요. 파트너가 음경을 완전히 넣어달라고 신호를 보낼 때까지 단계적으로 파고들어야 합니다.

어떤 여자는 조금 세게 밀고 들어오는 느낌이나 급작스러운 삽입을 원하기도 해요. 그래도 처음부터 상대를 쓸데없이 아프게 하기보다는 상대가 원하는 바를 확인하면서 진행하는 게 나아요.

### 삽입도 단계적으로

1. 삽입을 하기 전에 애무나 다른 성행위부터 충분히 하세요.

2. 애액으로 충분히 젖었을 때 손가락을 질에 넣어보세요.

3. 여자가 삽입 섹스를 처음 하는 거라면 여자가 여러분 위에 타고 앉아 삽입의 깊이와 속도를 직접 조절하면서 진행을 주도할 수 있게 해주세요.

4. 여자가 다리를 벌려야 합니다. 여자가 다리를 오므리고 있으면 남자가

---

* 한국의 경우, 남자가 선호하는 체위 1위는 후배위, 2위는 남성상위, 3위는 스푼 자세, 4위는 기마 자세였다. 반면 여자가 선호하는 체위는 1위가 남성상위, 2위가 후배위, 3위가 여성상위, 4위가 기마 자세였다(출처: 온스타일 〈바디 액츄얼리〉).

음경을 집어넣을 수 없습니다.

5. 삽입을 잘하려면 남자가 자기 성기를 손으로 잡고 넣는 게 좋습니다. 이렇게 하면 '조준'을 잘못하거나 여자를(남자 본인도!) 아프게 할 위험이 훨씬 줄어들지요. 혹은, 여자가 손으로 남자 성기를 잡고 넣어보다가 각도가 잘 잡혔을 때 남자가 신호를 보내도 좋습니다.

6. 귀두부터 넣고 가볍게 누르다가 조금씩 더 깊이 왕복 운동을 해보세요. 하지만 이 움직임을 꼭 남자가 주도하란 법은 없어요!

7. 삽입을 하면서 다른 것을 해도 돼요! 키스와 애무, 그리고 특히 음핵을 자극하는 것을 잊지 마세요.

8. 음경이 어쩌다 빠져서 파트너의 항문을 건드렸다면 곧바로 삽입으로 돌아가지 말고 씻거나 콘돔을 갈아주어야 합니다. 그래야 요도염이 생기지 않습니다.

9. 삽입이 반드시 사정으로 이어져야 하는 건 아니에요. 삽입 후에 다른 성행위를 하고 싶을 수도 있고, 그러다가 다시 한번 삽입을 하고 싶을 수도 있어요.


## 너무 빨리 절정에 도달했을 때

조루(너무 일찍 사정하는 것)는 남자들에게 민감한 문제죠. 사정을 하고 나면 발기가 잘 되지 않기 때문이에요. 음경의 신경이 잠시 쉬어야 하기 때문에 이때 무리하게 삽입 섹스를 하려고 하다가는 부상을 입어요. 이러한 이유로 남자들은 오래 '버티면서' 사정을 최대한 늦추려고 하죠.

그렇지만 사정은 섹스를 즐기고 쾌감을 얻었다는 표시이기도 해요. 잠시 발기가 불가능하다고 해서 섹스를 아예 중단해야 하는 것도 아니고요.

제가 성생활을 처음 시작할 무렵 어떤 친구가 이런 말을 했죠. 섹스를 하면서 전혀 섹시하지 않은, 뭔가 무미건조한 것을 떠올리면 사정을 늦출 수 있다나요. "돌멩이를 생각해!" 그래서 정말 그렇게 해봤어요. 머릿속에 채석장이 하나 생길 정도로 돌덩어리만 떠올렸죠. 과연, 사정을 늦추는 효과는 있었어요. 하지만 사랑하는 사람과 세상에서 제일 끝내주는 일을 하면서 돌 생각만 하는 건 전혀 재미 있지 않았답니다.

## 연습: 그만? 좀 더?

파트너와 서로 자위나 펠라티오/쿤닐링구스를 해줄 때 이렇게 한번 해보세요. 사정이 일어날 것 같으면 "그만!"을 외치세요. 그러면 파트너는 동작을 멈춰야 해요. 단, 여러분은 파트너에게 하던 일을 계속해도 돼요. 흥분이 한풀 꺾여서 발기 상태를 유지할 수 있겠다 싶으면 "좀 더"라는 신호로 파트너를 다시 불러들이세요. 이런 식으로 사정을 계속 늦추면 생각보다 굉장히 오래 버틸 수 있어요! 이 연습은 여러분 혼자 자위를 할 때도 해볼 수 있답니다.

조루라는 문제는 섹스의 방식을 약간 바꿔줌으로써 해결할 수 있어요. 조루는 주로 삽입 단계에서 일어나거든요. 음경이 질에 들어갈 때의 자극이 사정을 촉진하지요.

이런 경우에는 삽입 말고 다른 성행위, 애무와 마찰과 오럴 섹스 등을 충분히 활용하세요. 이렇게 하면 발기 지속 시간이 늘어날 뿐만 아니라 섹스의 질도 높아져요. 여러분과 파트너가 삽입을 특히 즐긴다면 삽입 시간을 다소 짧게 하고 다른 성행위들과 번갈아 하는 것이 좋아요.

사정에 급급해하지 말고 현재의 행위에 집중하면서 쾌감을 오래 붙잡아두려고 노력해보세요. 시간과 경험이 쌓이면 본인의 의지대로 사정을 조절하기가 점점 쉬워질 거예요.


## 상대가 오르가슴에 도달하지 못했을 때

남자들은 음경을 삽입하는 섹스로만 여자들에게 오르가슴을 줄 수 있는 것처럼 생각하곤 하죠. 하지만 그렇지 않아요. 여자들은 대개 음핵 자극을 통해서 절정에 도달한답니다. 여자가 오르가슴에 도달하기 전에 여러분이 사정을 해버렸다면 섹스 방식을 다시 생각해볼 필요가 있어요. 질에 삽입하는 데만 신경을 쓰고 음핵을 소홀하게 다루지는 않았나요?

남자들이 포르노에서 봤던 이미지를 실제 침대로 끌고 오는 것도 마찬가지 맥락에서 문제가 있어요. 포르노에서는 여자가 매우 빨리, 거의 삽입을 통해서만 오르가슴에 도달하죠. 그래서 포르노와는 영 딴판인 섹스의 현실을 마주하면 남자는 좌절감을 느낄 수밖에 없어요.

어떤 남자들은 왠지 실패한 것 같은 이 기분을 자책감으로 발전

시키고 파트너의 오르가슴에 집착합니다.* 하지만 누구와 섹스를 하든 오르가슴을 잘 느끼지 못하는 여자들도 있어요. 뭔가 압박감이 있는 섹스에서는 더욱더 오르가슴을 느끼기 어려울 테고요. 그래서 여자가 오르가슴을 느끼는 척 연기를 하기도 하는데요. 사랑하는 사이에서 이보다 더 나쁜 건 없어요. 가짜 오르가슴은 솔직한 소통을 깨뜨릴 뿐 아니라 더 나은 성관계를 방해하니까요.

상대의 오르가슴에 집착하기보다는 상대를 기분 좋게 하는 데 마음을 쓰세요. 또 대화를 하세요. 상대가 뭘 좋아하나요? 그 사람은 당신이 어떻게 해줄 때 쾌감을 느끼고 섹스를 즐기나요? 서로 압박감 없이 자유롭게 성관계를 즐길 수 있는 분위기를 조성해보세요.

---

* 혹시 상대의 오르가슴에 신경 쓰고 있나요? 혹시 그 관심이 남성성을 증명하기 위함은 아닌가요? 온라인 커뮤니티에 종종 이런 글이 올라옵니다. (이성애자 남성) 파트너가 성관계 중에 "좋아?"라고 묻는 게 짜증난다고요. 여성들은 상대가 자신의 오르가슴을 신경 쓰는 게 싫은 게 아닙니다. "좋아?"라는 질문이 자신을 신경 쓰는 질문이 아니라는 걸 느끼기 때문이지요. 의기양양해하며 좋냐고 묻는 상대를 보면 자신이 섹스를 얼마나 잘하는지를 증명하려고 하는 게 보입니다. '나는 이만큼 너를 만족시킬 수 있어', '나는 섹스를 잘해'와 같은 생각으로요. 이처럼 섹스를 통해 자신의 남성성을 획득하려는 건 아닌지 한번 생각해보세요.

# 섹스는 둘이 하는 것

에리크는 처음 여자랑 잤던 때를 기억합니다. 상대와 에리크 두 사람 모두 처음이었어요. 집에 아무도 없었지만 굳이 방문도 잠갔습니다. 잠시 후, 두 사람은 알몸이 되었죠.

"그 애가 침대에 눕더니 가만히 있는 거예요. 저는 그 애의 몸 위에 누워 키스를 했어요. 그 애는 전혀 반응이 없었어요. 인형이랑 자는 것 같은 기분이랄까요. 하여간 진짜 별로였어요."

에리크는 그 후에도 남자에게 모든 것을 맡기고 수동적 자세로 일관하는 여자들을 여럿 만났다고 해요.

"그런 여자랑 잘 때는 제가 다 책임지고 이끌어야 하죠. 저는 적극적으로 함께하는 여자가 더 좋더라고요!"

파트너가 섹스를 하면서 별다른 신호를 보내지 않으면 뭘 원하느냐고 말로 물어봐도 좋아요. 어쩌면 여러분이 너무 급해 보여서 가만히 있었을지도 모르죠. 이때는 좀 더 느긋한 리듬으로 부드럽게 진행을 할 수 있을 거예요. 아니면 그날은 성관계를 하지 않는 편이 나을 수도 있어요. 가벼운 애무에 그치고 두 사람 다 하고 싶은 마음이 있고 여건도 허락되는 다음번 기회를 기다리세요.

안타깝게도 앞에서 살펴보았던 지배적 남성성은 무조건 남자가 섹스의 주도권을 쥐기를 바라죠. 이렇다 보니 남자라면 당연히 섹스를 잘 알 거라 생각하고 자기가 주도적으로 나서면 '밝히는 여자'

처럼 보일까 봐 몸을 사리는 여자들이 많아요. 여자들은 이렇게 부당한 취급을 당할 때가 한두 번이 아니니까요. 파트너와 대화를 하세요. 서로 원하는 것을 알아야 호흡을 맞춰나갈 수 있어요. 섹스는 두 사람이 함께하는 거지 어느 한 사람만의 일이 아니랍니다.


## 평등한 섹스

이미 여러 차례 설명했듯이 우리 사회는 여자에게 여러모로 불공평해요. 집단 대 집단으로 볼 때 여성은 남성만큼 권력을 행사하지 못하고 있죠. 그러므로 여러분은 여자와 성관계를 할 때 두 사람이 평등한 입장에 설 수 있게끔 더더욱 주의를 기울여야 합니다.

아무리 강조해도 지나치지 않은 말이니 한 번 더 할게요. 파트너가 보내는 신호를 허투루 여기지 말고 여자가 원치 않는 행위는 절대 하지 마세요. 어떤 성행위를 할지 두 사람이 함께 정하고, 앞서 다루었던 존중의 기술을 실천하세요. 여기에는 서로의 성 건강을 책임진다는 의미도 포함되어 있어요. 가령, 콘돔을 미리 챙긴다든가, 섹스를 통해서 감염될 수 있는 질병이 의심된다면 바로 검사를 받는다든가 하는 것도 여러분이 해야 할 일이죠.

여러분과 파트너가 정말로 평등한 관계에 있다면 수치심이나 긴장감 없이 편안하게 성을 탐구할 수 있을 거예요.

## 연습: 여자가 결정하기

여자친구와 잘 때 이런 놀이를 해보세요. 규칙은 여자가 모든 결정을 내린다는 것밖에 없어요. 여러분은 무조건 여자친구가 시키는 대로 하는 거죠. 여자친구가 움직이지 말라고 하면 여러분은 가만히 누워서 무슨 일이 있어도 꼼짝하지 않아야 해요.

이 놀이를 하면 여자는 자연스럽게 성행위를 선택할 수 있고, 여러분이 자기에게 해주기 원하는 것을 입 밖으로 낼 수 있어요. 여자가 무엇을 원하는지, 어떤 것을 하고 싶은지 알 수 있으니 여러분에게도 좋은 일이죠. 단, 예외가 하나 있어요. 여러분이 정말로 하고 싶지 않은 일에 대해서는 "패스"를 외칠 수 있어요. 이때는 여자도 강요하지 않고 다른 행위로 넘어가야 해요.

# 탐색

영화와 텔레비전은 이성애자들의 세상이라고 해도 과언이 아닙니다. 그러나 동성애자의 이미지가 그렇게 흔하지 않아서 좋은 점도 있어요. 남자와 여자의 섹스는 세상에 넘쳐나는 이미지들을 참조하지만, 남자를 좋아하는 남자는 섹스를 스스로 규정하고 자기가 정말로 즐기는 것을 찾아낼 가능성이 많거든요.

동성애 포르노가 보여주는 성행위는 항문 섹스가 거의 전부죠(이 부분에 대해서는 다음 장에서도 다룰게요). 하지만 현실에서는 모든 게이가 그렇게 삽입에 집착하지는 않습니다. 삽입을 별로 좋아하지 않는 게이도 있고, 삽입을 매번 꼭 해야 한다고 생각하지 않는 게이도 있어요. 남자들끼리의 섹스는 상상력의 한계는 있을지 몰라도 정해진 형식은 없습니다.

남자랑 잘 때는 상대의 성기에만 매달리지 말고 신체의 나머지 부분도 충분히 탐색하세요. 남자의 몸에는 생각보다 다양한 매력과 성감대가 있답니다.

## 손으로 하는 법

여러분도 같은 남자니까 상대의 성적 욕구를 잘 안다고 생각할지도 몰라요. 하지만 남자들끼리도 개인차가 있으니까 너무 과신하지 마세요. 어림짐작보다는 상대가 보내는 신호를 잘 따라가는 편이 좋아요. 여러분도 상대가 뭘 해줬으면 좋겠는지 신호를 보내거나 말을 하세요.

"사람이 바뀌면 음경을 잡을 때의 느낌도 매번 달라지죠." 아미드가 설명했습니다. "구부러진 정도나 굵기가 천차만별이죠. 예전에 자위를 할 때는 내 건 어떻게 생겼는지 생각해본 적도 없어요. 그냥 자연스럽게 느껴졌죠. 하지만 지금은 제 성기의 모양을 의식하기도 하고, '다른 남자들이 요걸 잡을 때 느낌이 어떨까'라는 생각도 해요."

아미드는 서로 자위를 해주는 걸 좋아한다고 합니다.

"일단 간단해서 좋아요. 그리고 꼭 다른 걸 하고 싶으란 법도 없잖아요. 그러니까 서로 손으로 해주는 정도로 그치기도 해요."

그는 처음으로 남자와 잤을 때 사람마다 수음을 하는 방식이 다 다르다는 것을 알았다고 해요.

"한번은 어떤 남자가 제 음경을 너무 꽉 잡고 흔들어서 그만하라고 할 수밖에 없었어요. 그랬더니 그 남자가 자기도 제가 하는 방식이 마음에 안 들었다고, 잡는 둥 마는 둥 그게 뭐냐고 하더라고요!"

## 서로 자위를 해줄 때 주의할 점

· 여기서 말하는 자위는 상대의 음경을 잡고 흔들어주는 것만 뜻하지 않아요. 느긋하게 시간을 들여 상대의 음경을 느끼고 많이 만져주세요!

·· 음낭을 만져주는 것도 잊지 마세요. 음경의 뿌리 부분을 잡고 부드럽게

마사지하는 느낌으로 음낭을 만져주세요.

· 페니스 아래쪽을 엄지와 검지로 약간 힘주어 눌러보세요.

· 회음부도 빼놓지 마세요. 발기가 일어나면 음낭과 항문 사이에 해당하는 이 부분의 살갗 아래가 빳빳해집니다. 이 상태에서 회음부를 문지르거나 눌러주면 쾌감이 일어납니다.

· 손동작의 세기나 빠르기가 적당한지 파트너에게 물어보세요.

· 윤활제를 사용하면 느낌이 어떻게 달라지는지 서로 시험해보세요.

· 발기 상태의 두 음낭을 맞대고 손으로 마찰하는 방법도 있습니다. 이때 상대의 손은 자유롭기 때문에 자기가 하고 싶은 일을 할 수 있지요. 타액 이나 젤을 쓰면 좀 더 새로운 느낌이 들고 쾌감도 증폭될 거예요.

## 입으로 하는 법

펠라티오에 해당하는 동사는 '빨다'일 겁니다. 하지만 이 행위는 빨 대로 음료를 쭉 빨아올리는 느낌이 아니라 입술과 혀를 써서 입 안 쪽으로 만져주는 느낌에 더 가깝습니다. 입으로 할 때는 특히 치아 가 귀두를 건드리지 않도록 주의하세요. 음경은 입안처럼 축축한 살갗과 닿으면 기분이 좋아집니다.

97.7퍼센트의 남자는 펠라티오에서 쾌감을 느낍니다.[27]

음경이 입안으로 들어오면 불편한 느낌이 들 수도 있어요! 상대 의 음경이 너무 크거나 길면 구역질이 나올지도 몰라요. 음경이 목

젖을 건드리면 반사적으로 그렇게 될 수밖에 없어요. 이때는 음경을 입에 너무 깊이 넣기보다는 혀를 주로 써서 음경을 골고루 핥아주세요. 펠라티오를 하는 동안 사정전요도액(쿠퍼액)이 분비되기 때문에 이상한 맛이 느껴질 수도 있는데 이때도 마찬가지예요. 귀두를 빨기보다 포피륜을 핥는 데 주력하면 구역질을 피할 수 있을 거예요.

한쪽이 사정을 잘 조절하지 못하는데 다른 쪽은 입안에 사정하는 걸 원치 않는다면, 콘돔을 꼭 씌워주세요.

## 펠라티오를 할 때 주의할 점

· 상대의 음경이 잘 들어올 수 있게 입을 잘 벌리세요.

· 입술을 오므려 음경을 살짝 눌러주세요.

· 음경이 목구멍 가까이 들어오는 느낌을 싫어하거나 토할 것 같으면 무리하지 말고 귀두를 빨거나 핥는 정도만 하세요.

· 음경을 손으로 잡고 흔들면서 펠라티오를 할 수도 있어요.

· 펠라티오를 하는 동안 회음부를 손으로 마찰하거나 부드럽게 눌러주어도 좋아요.

· 음낭도 빼놓지 마세요. 펠라티오를 하는 동안 손으로 만지거나 혀로 핥거나 하나씩 입술로 물어보세요(매우 민감한 부분이니까 조심해서 다루세요!).

## 연습: 딥스로트

음경을 입속 깊숙이, 혹은 목구멍까지 집어넣는 성행위가 여러분에게나 파트너에게나 특별한 느낌을 줄 수 있습니다. 음경은 신경 말단이 아주 많이 분포하기 때문에 극도로 민감하지요. 문제는 익숙해지지 않으면 반사적으로 구역질이 난다는 겁니다.

껍질을 벗긴 바나나를 가지고 연습해보세요. 입에도 특히 민감한 부분이 많습니다. 처음에는 바나나의 끝부분만으로 입술, 혀, 구강 내벽을 자극하면서 그 느낌에 집중해보세요. 구역질 반응이 일어나지 않는지 살피면서 바나나를 조금씩 더 깊이 집어넣어 보세요.

## 공과 수

게이들의 세계에서 남성끼리의 성행위를 적극적으로 하는 역할과 받아들이는 역할을 구분해서 '공'과 '수'라는 용어를 쓸 때가 더러 있는데요. 영어에서 '톱'과 '바텀'이 바로 여기에 해당합니다. 펠라티오를 받고 항문 섹스에서 삽입을 하는 사람은 공으로 간주되고, 이 사람의 파트너는 수로 간주되지요. 달리 말해, 누가 누구에게 음경을 삽입하느냐를 기준으로 하는 역할 구분인 셈입니다.

하지만 잘 생각해보면 이러한 용어는 참 이상합니다. 펠라티오의 경우, 받는 사람보다 해주는 사람이 더 적극적인 역할 아닐까요? 항문 섹스에서도 수가 과연 수동적이기만 할까요? 기마 자세를 취한다고 하면 삽입을 하는 사람은 반듯하게 눕고 오히려 위에 올라탄 사람이 적극적으로 움직여야 하지요.

일부 게이는 항상 공 아니면 수 역할만 하기 때문에 이러한 구분이 적합할지도 모릅니다. 하지만 그런 사람은 어디까지나 일부입니다. 때로는 이 역할, 때로는 저 역할, 혹은 항상 두 역할을 다 하는 사람도 많아요. 기분에 따라 펠라티오를 해주고 싶을 수도 있고 상대가 해주기를 좀 더 바랄 수도 있는 거잖아요. 늘 그렇듯 남들이 정해 놓은 범주에 여러분을 끼워 맞추지 마세요. 자신의 욕망과 직감을 따르세요. 그때그때 하고 싶은 것을 해보세요. 지금까지 경험했던 것과는 전혀 다른 새로운 감각을 불현듯 발견하게 될지도 몰라요.


## 사정 불능

"되게 귀여운 사람이었고 섹스도 더할 나위 없이 좋았어! 그런데 이상하게 사정이 안 되더라고."

제 친구에게 들은 얘기입니다. 아마 이런 상황을 경험한 남자는 한두 명이 아닐 거예요.

포르노 영화는 이성애자, 동성애자를 막론하고 남성의 호쾌한 사정을 클로즈업으로 보여주곤 하지요. 남자가 끝내주는 섹스를 하고 절정에 이르렀음을 그러한 이미지로 연출하는 겁니다. 어떤 남자들은 이러한 이미지에 매몰된 나머지, 포르노에서 봤던 장면을 침대에서 구현해야 한다고 생각하는 것 같습니다.

영상은 편집할 수 있다는 사실, 잊지 않았죠? 포르노 영화배우는 곧잘 촬영 팀이 곧바로 사정 장면을 찍을 수 있게끔 카메라 뒤에서 오랫동안 자위를 합니다. 영상을 자르고 이어 붙이면 이 배우는 자기가 원하기만 하면 못할 게 없는 섹스의 화신처럼 보이지요. 그게 포르노를 보는 사람들이 기대하는 바이기도 하고요.

사정을 못하는 것은 섹스의 실패도 아니고 성관계가 즐겁지 않았다는 표시도 아닙니다. 섹스는 어떤 표준을 따라 무한 반복하는 행위가 아니고 체계적으로 구현되어야 하는 행위도 아닙니다. 때로는 사정에서 절정감을 느끼지만 반드시 그래야 한다는 법은 없습니다.

사정이 되지 않는 이유는 여러 가지로 설명이 가능합니다. 첫째, 섹스는 아주 좋았지만 딱 그 쾌감만으로 충분할 때가 있지요. 이미 만족을 했거나 갑자기 피곤해지면 그럴 수 있습니다. 이때는 무리해서 더 끌고 나가려 하지 말고 마무리하는 편이 낫지요. 둘째, 섹스는 환상적이었지만 주도적으로 자신의 진짜 욕망을 따라가야만―가령, 파트너가 보는 앞에서 자위를 하고 싶다든가―사정에 이르는 경우가 있습니다. 셋째, 자기 자신에 대한 요구 수준을 생각해봐야 합니다. 너무 잘하고 싶어 하고 반드시 사정까지 해야 한다는 생각에 갇혀 있으면 오히려 더 잘 안 되기도 하죠. 혹시 여러분이 이러한 함정에 빠진 것 같다면 무리하게 밀어붙이지 말고 서로 기분 좋은 느낌을 즐기는 데 집중하세요. 그러다 보면 어느새 자연스럽게 사정에 이를 수 있을 겁니다.

# 9

# 섹스 그 이상

# 섹스팅

마테오는 주말마다 패스트푸드점에서 아르바이트를 합니다. 일을 하는 동안 마테오의 바지 주머니에선 핸드폰이 한 번씩 진동을 하곤 하지요. 여자친구가 메시지를 보내는 거예요. 마테오의 여자친구는 섹시한 이미지나 글을 즐겨 보내요. 마테오는 메시지를 확인하기 전부터 왠지 달아오르곤 하죠.

"나중에 만나서 같이 잘 때 뭘 하고 싶다든가 그런 내용이죠. 일전에는 제 옷을 벗기고 상반신을 핥아줄 거라고 문자를 보냈더라고요. 그래서 저도 똑같이 해줄 거라고 답 문자를 보냈죠."

서로 문자 메시지를 주고받는 날은 일하는 시간이 더 빨리 가는 것 같대요. 그러고 나서 둘이 만나면 이미 잔뜩 흥분해 있기 때문에 섹스가 두 배는 더 짜릿하고 즐겁다나요.

연인끼리 야한 사진이나 동영상, 메시지를 보내는 것을 '섹스팅'이라고 해요. 마테오와 여자친구는 서로 '뜨겁게 하려는' 목적에서 섹스팅을 하지요. 하지만 섹스팅 자체를 섹스의 한 형태로 즐기는 사람들도 많아요. 상대를 직접 보지 않고 메시지를 주고받으며 자위를 하는 것만으로도 오르가슴에 도달할 수 있어요. 전혀 모르는 사람과도 섹스팅을 통해서 일종의 가상섹스를 하기도 하고요.

하지만 주의할 점이 있어요. 앞에서도 지적했듯이 15세 이하 유소년에게 성적인 이미지나 메시지를 보내는 것은 불법 행위예요.

성인이 아동을 성적으로 유린할 위험이 있기 때문에 그러한 법이
꼭 필요하답니다.


## 누드 사진 보내기

엘리엇과 그의 가장 친한 친구는 열세 살 때 서로 성기를 찍은 사진
을 주고받았어요. 두 친구는 같은 클럽에서 운동을 하기 때문에 탈
의실이나 샤워실에서 서로의 벗은 몸을 보는 데 익숙했어요. 사진
은 서로 성기를 비교해보고 싶어서 보낸 것이었지요. 그런데 친구
가 엘리엇보다 먼저 거기에 털이 났더라고요. 그리고 발기했을 때
모습도 자못 달라 보였죠.

"예전에는 남자의 거시기가 다 똑같이 생겼다고 생각했어요. 그
런데 그렇지 않다는 걸 갑자기 알게 됐죠."

엘리엇은 그때부터 자기 방에서, 화장실에서, 혹은 친구 집에서
자기 성기를 사진으로 찍어두는 버릇이 생겼죠. 그때까지는 아무
문제도 없었습니다. 그런데 고등학교에 가서 다른 반 여학생을 좋
아하게 됐죠. 엘리엇은 그 반에 있는 친구들에게 그 여학생을 좀 소
개해달라고 부탁했습니다. 며칠 후, 문제의 여학생이 엘리엇에게
문자 메시지를 보냈어요. "안녕, 네 친구들이 네가 나한테 관심이
있다고 하면서 이 번호를 가르쳐줬어. 네가 나에게 어떤 제안을 할
지 궁금하긴 해."

엘리엇은 마지막 문장이 무슨 뜻일까 며칠 내내 고민했어요. 그
는 여자애가 그의 성기를 보고 싶어 하는 거라고 결론을 내렸죠. 엘

리엇은 팬티를 내리고 성기 사진을 찍어서 여자애에게 보냈어요. 엄청난 실수였죠. 답 문자는 오지 않았어요. 상대는 그런 걸 원했던 게 아니었으니까요.

여자들 대부분은 자기가 잘 모르는 남자의 누드 사진 따위를 보고 싶은 마음이 없답니다. 그러니 그 여자애가 기겁해서 엘리엇을 상대도 안 하게 된 것도 당연하죠! 그 애는 단지 엘리엇이 친구들을 통하지 않고 직접 데이트 약속을 잡으러 오기를 기대했던 거예요. 여자애는 친구들에게 그렇게 얘기를 했어요. 엘리엇은 너무 창피해서 학교에서 그 여자애를 피해 다니기 바빴지요.

---

남자 고등학생 10명 중 1명만 자기 성기가 드러나 있는 사진을 친구들에게 보여준 경험이 있다고 답했어요. 자기 성기 사진을 남에게 보여주는 남학생은 그리 많지 않다는 뜻이지요. 그렇지만 남학생들은 서로 성기의 크기나 모양을 자주 비교한답니다.[28]

---

## 성기 사진 보내기

엘리엇은 만 18세가 되어서 또 한 번 자신의 성기 사진을 어떤 여자에게 보냈어요. 이번에는 여자의 의사를 분명히 확인하고 보낸 것이었지요.

"서로 옷을 반쯤 벗은 사진을 이미 주고받은 적이 있었거든요. 그 여자애가 제 몸을 좀 더 보여달라고 문자를 보냈어요."

상대가 야한 사진을 원하는지 그렇지 않은지 파악하기란 사실 그렇게 어려운 일은 아닙니다. 처음에는 일상 사진을 보내면서 아주 살짝 야한 언급을 덧붙여보세요. 상대가 그런 것을 좋아하는 듯 보이면, 다음 단계에서는 수영복 사진이나 몸매가 드러나는 옷을 입은 사진을 보내면서 "난 이제 샤워하러 갈 거야"라고 한마디 덧붙일 수 있겠지요. 상대도 비슷한 종류의 사진과 문자 메시지를 보낸다면 여러분 쪽에서 이렇게 물어볼 수 있을 겁니다. "수영복 벗은 모습도 보고 싶어?" 상대가 확실하게 그렇다는 의사 표시를 했을 때에만 성기 사진을 보내세요. 그렇지 않은 경우에는 실수로라도 보내선 안 됩니다.

거리 같은 공공장소에서 바지를 내리고 성기를 노출하거나 상대가 원치 않는데 성기를 보여주거나 자신의 성기 사진을 핸드폰 따위로 보여주는 것은 불법 행위입니다. 그러한 행위는 '노출증' 혹은 '풍기문란'에 해당하지요. 성기 사진을 보여주는 정도는 아무렇지도 않게 생각하는 남자들이 있는데 정신 차려야 합니다. 그러한 행위는 법에 저촉되기 때문에 경찰에 고발당할 수도 있어요. 상대의 의사와 상관없이 성기 사진을 보내는 것은 타인의 경계를 침범하는 행위, 다시 말해 상대를 존중하지 않는 행위입니다.

인터넷에서 만 12~17세 사이의 미성년자 1,141명에게 응답을 받은 조사에 따르면 여자 5명 중 4명은 본인이 원치 않는 야한 사진을 핸드폰으로 받은 적이 있다고 해요.[29]

여러분은 성기를 타인을 겁주는 무기처럼 사용하지 마세요. 여러분이 정말로 좋아하는 여자를 만나서 성관계를 하는 사이가 되고자 할 때, 그러한 태도는 모든 것을 망쳐버릴 수도 있답니다. 저는 이런 문제에 부딪힌 남자들을 많이 봤어요. 그들은 저속한 농담, 일방적인 신체 접촉, 성기 사진 보내기 등 여자들에게 성적 모멸감을 느끼게 하는 문화에 익숙해져 있지요. 사랑하는 여자가 생기면 그제야 비로소 기존의 시각을 바꾸고 파트너에게 신뢰를 얻으려고 노력하지만, 사람은 그렇게 쉽게 변하지 않습니다.

## 성기 사진을 찍는다면

· 프레임에 들어오는 것을 살피세요. 배경에 쓸데없이 주의를 끄는 잡동사니가 있으면 성기도 전혀 섹시해 보이지 않아요. 예를 들어 화장실에서 사진을 찍는다면, 프레임에 들어오는 물건들을 다 치우거나 정리하세요. 구멍 난 양말을 신고 있다면 당장 벗어버리세요.

· 너무 바짝 당겨 찍지 마세요. 여자들은 대부분 성기만 클로즈업된 사진보다 애인의 모습을 보고 싶어 합니다. 그러니까 몸이 잘 나오게 찍으세요. 예를 들자면 발기한 음경을 쥐고 있는 손, 허리와 엉덩이, 다리 일부가 나오게 찍으면, 그 성기가 어떤 사람의 것으로 좀 더 생생하게 다가올 거예요.

· 따뜻한 느낌이 드는 빛, 자연광이나 백열등 전구 아래에서 사진을 찍으세요. 형광등이나 스마트폰의 플래시 조명은 피부색을 푸르스름한 백색으로 보이게 해서 시체나 좀비를 연상시키니까요!

· 얼굴이 나오게 찍지 마세요. 여러분이나 그 사진을 받은 여자친구가 스마트폰을 분실할 경우, 얼굴까지 나와 있는 성기 사진이 아무 데나 퍼질지도 몰라요.

· 이런 유의 사진은 상대가 정말로 받고 싶어 하느냐가 가장 중요하죠. 나머지는 부차적인 문제입니다.

# 섹스 동영상 찍기

어떤 커플은 섹스 장면을 사진이나 동영상으로 남기곤 합니다. 잠시 떨어져 지낼 때 자위에 활용하기도 하고, 둘이서 섹스를 하기 전에 자기들이 찍은 영상을 함께 보며 흥분을 더 끌어올리기도 하죠. 아마추어 포르노를 찍은 커플에게는 이렇게 나름대로 여러 가지 이유가 있지만, 그런 영상을 절대로 찍지 않으려고 하는 사람들에게도 충분히 그럴 만한 이유가 있습니다. 나체는 개인적이고 은밀한 것이기 때문에 사진으로 남기면 안 된다고 생각하는 이들이 있지요. 또 다른 이들은 그냥 관심이 없습니다. 섹스는 그 순간에 몰입하는 행위이므로 카메라를 의식하면 다 망친다는 거죠. 그리고 또 어떤 사람은 동영상 불법 유출의 피해자가 될까 봐 두려워서 아예 그런 건 찍지 않아요.

그러므로 카메라를 들기 전에 몇 가지 확실히 해둘 점이 있습니다. 두 사람 모두 촬영에 동의했나요, 아니면 한 사람만 촬영을 원하고 다른 사람은 상대의 집요한 요구에 시달리는 상황인가요? 나중에 둘 중 한 사람이 이 동영상을 지우자고 요구하면 어떻게 될 것 같나요? 연애는 잠깐 하든 제법 오래 하든 대부분 끝나는 날이 오게 마련입니다. 언젠가 헤어질 사이라면 둘이서 찍은 영상은 어떻게 할 건지 미리 생각해두는 것이 좋겠지요.

출연자의 동의 없이 인터넷에 섹스 동영상을 불법 유포하는 것은

'디지털 성범죄'입니다. 촬영 사실을 숨기고 몰래 찍었거나 두 사람이 이별을 한 후에 어느 한쪽이 앙심을 품고 일방적으로 공개한 것이지요. 상대의 동의 없이 성적 이미지나 동영상을 타인에게 보여주거나 유포하는 것은 법의 심판을 받는 범죄 행위예요.* 특히 피해자가 촬영 당시 미성년자였다면 가중 처벌을 받아요. 어떤 경우든 여러분이 피해자가 된다면 경찰에 고발을 할 수 있어요.

포르노는 사진과 동영상만 있는 게 아니에요. 가령 섹스를 하는 동안 녹음을 했다가 나중에 들어볼 수도 있죠(어떤 부분은 아주 우스꽝스럽게 들릴지도 몰라요!). 혹은 여러분이 주인공으로 등장하는 에로소설을 써볼 수도 있어요. 누가 알겠어요. 소설이 현실이 될지……

찰칵이 철컹으로!

* 성폭력범죄의 처벌 등에 관한 특례법 제14조(카메라 등을 이용한 촬영), 제14조의 2(허위영상물 등의 반포등), 제14조의 3(촬영물 등을 이용한 협박 강요) 등에 의거하여 처벌받을 수 있습니다.

관련 법안 살펴보기

# 항문 섹스

. . . . . . . . . . . . . .

항문 섹스는 실제로 해본 사람이나 해보지 않은 사람 모두 여러모로 잘못 알고 있는 성행위이기 때문에 일단 그런 오해부터 풀어봅시다.

사람들은 '항문 섹스'라는 말을 들으면 자동적으로 음경이나 딜도(dildo, 인공 남근)를 항문에 삽입하는 행위를 떠올립니다. 그런데 항문 섹스는 단지 이 행위에만 국한되지 않아요. 게다가 항문 섹스는 그리 새로운 성행위도 아니죠. 고대 그리스에 제작된 채색 꽃병에도 항문 섹스를 하는 모습이 그려져 있을 정도니까요. 포르노 때문에 항문 섹스가 대중에게 널리 알려진 감은 있지만, 이러한 행위는 인류가 아주 오래전부터 하던 것이었어요.

'항문 섹스가 어떻게 좋을 수가 있지?'라고 의아해하는 사람들도 많습니다. 섹스에서는 매사가 그렇지만 이 또한 개인의 취향 문제입니다. 인간의 몸이 항문 섹스에서 쾌감을 느끼게 만들어져 있다고 해도 모두가 이 행위를 좋아할 수는 없죠.

항문도 자극을 받으면 쾌감과 흥분이 일어나는 성감대일 수 있습니다. 항문에 뭔가가 들어오면 괄약근은 대단히 민감하기 때문에 쾌감을 느낄 수 있지요. 특히 남자는 항문을 자극받으면 전립선이 눌리면서 쾌감이 일어납니다. 여성도 항문 섹스를 통해서 요도측선과 음핵이 압박을 받기 때문에 쾌감을 느낄 수 있습니다.

이것만은 확실히 짚고 가죠. 항문 섹스 취향은 성 정체성이나 성적 지향으로 결정되지 않습니다. 이성애자 남자들도 여성이 손가락이나 섹스 토이(가령 딜도 벨트라든가)를 이용해서 항문에 삽입을 해주기를 원할 수 있어요. 그러니까 항문 섹스를 게이들의 전유물처럼 생각하지는 마세요. 게이 중에도 항문 삽입을 싫어하는 사람이 있을 수 있어요.

대화를 나눠보니 항문 섹스에 안 좋은 선입견이 있는 남자들이 많더라고요. 항문에 삽입을 당하면 '몸이 망가질 거'라고 생각하더군요. 그런데 올바른 방법으로 하는 항문 섹스는 위험하지 않습니다. 행위 중에나 나중에나 항문이 찢어질 일도 없고 손가락, 음경, 섹스 토이를 자주 삽입한다고 해서 변실금이 생기지도 않아요.


## 손과 입

항문 섹스를 처음 하는 사람은 본인의 욕망을 좇아 단계적으로 나아가는 것이 좋습니다. 하고 싶은 것을 하되 절대로 무리하지 마세요. 처음에는 항문을 위아래로 문지르는 것부터 시작하세요. 이 동작을 반복하다가 윤활제를 바른 손가락을 항문에 넣어보세요. 타액이나 젤 같은 윤활제를 써야 행위가 원활하고 쾌감도 큽니다.

--------

만 18세 남녀 5명 중 1명은 적어도 한 번은 항문 섹스를 시도해보았다고 답했습니다.[30]

--------

손가락을 항문에 넣을 때는 손톱이 길거나 지저분해서는 안 되고

윤활제를 충분히 사용해야 합니다. 이러한 행위는 서로를 신뢰하고 긴장을 풀 수 있을 때에만 가능합니다. 괄약근이 긴장되어 있는 상태에서는 항문에 손가락만 들어와도 매우 아플 수 있어요.

항문을 입으로 핥아서 쾌감을 주는 행위를 '아눌링구스'라고 합니다. 아눌링구스를 시도하는 사람은 항문의 색이 다른 살갗의 색보다 진해서 반감을 느낄 수도 있으나, 이는 그 부분에 색소가 더 많아서 그런 것일 뿐 청결 상태와는 무관합니다.

항문 내벽을 자극하고 싶은데 손가락이 더러워질까 봐 걱정된다면 손가락에 콘돔을 끼우세요. 손가락을 집어넣어 가장 바깥쪽에 위치한 괄약근을 통과해 10센티미터쯤 들어가면 상부 직장과의 경계에 이르는데요. 당장 대변을 봐야 할 상태가 아닌 이상, 이 부분에는 변이 차 있지 않습니다.


## 항문 삽입

항문 삽입은 즉흥적으로 할 수 있는 게 아니라 준비가 필요합니다. 이 부분의 감도를 기르는 것도 중요하고요. 어디가 특히 민감한지, 어디를 자극하면 어떤 느낌이 드는지 알고 있어야 하지요. 그리고 음경을 삽입하기 전에 먼저 손가락을 넣어서 괄약근을 이완시키는 과정이 필요해요.

건조한 상태에서 삽입을 하려 해봤자 불필요한 고통만 일으킬 뿐 잘 되지 않을 겁니다. 타액 정도로는 안 되고 수용성 윤활제를 다량 사용해야 합니다. 처음에는 손가락 끝으로 항문을 가볍게 누르듯

문지르세요. 이렇게 압력을 받으면 항문이 좀 더 쉽게 열릴 거예요. 그렇게 10초쯤 하고 나서 손가락을 집어넣으세요. 이때도 한번에 쑥 넣지 말고 시간을 들여 조금씩 더 깊이 들어가야 합니다. 여기까지 원만하게 진행되면 손가락을 하나 더 넣습니다. 그러고 나서 음경이나 딜도를 삽입하는 단계로 넘어갑니다.

## 최초의 항문 삽입

항문 삽입은 하는 쪽이든 받는 쪽이든 항문 자위를 통하여 웬만큼 준비가 되어 있어야 합니다. 항문을 직접 만져보아야 성감대가 어디 있고 어느 지점에서 쾌감이 극대화되는지 알 수 있기 때문이지요. 그리고 괄약근의 작용이나 감도를 알고 있어야 항문 삽입이 섬세한 주의가 필요한 행위라는 점을 이해할 겁니다.

딜도나 그 외 섹스 토이가 따로 없다면 당근 따위를 따뜻한 물에 담가 체온과 비슷하게 만들어 쓸 수 있습니다(단단한 상태를 유지해야 하니까 당근을 익히지는 마세요!).* 손에 잡고 다룰 수 있는 적당한 길이의 당근을 택

---

* 자위를 할 때 가장 좋은 건 섹스 토이를 사용하는 거예요. 섹스 토이는 자위나 성관계를 할 때 적합하도록 제작되었지요. 우리 몸에 안전한 재료와 모양으로, 다양한 재질과 사이즈로 만들어졌어요. 그러니 자신에게 알맞은 섹스 토이를 구입하여 사용하길 추천합니다. 그런데 나이 제한 때문에 구입할 수 없거나, 자신에게 잘 맞을지, 그 행위가 나에게 만족감을 줄지 확신이 들지 않아 선뜻 구매하지 못할 수도 있어요. 이런 경우, 저자의 말처럼 다른 도구를 이용할 수 있지요. 이때는 몇 가지 주의사항을 기억해야 해요. 첫째, 안전이 우선입니다. 위험한 도구는 사용하지 마세요. 둘째, 삽입을 할 경우에는 꼭 콘돔과 수용성 젤을 사용하세요. 셋째, 조금이라도 불편감이 느껴진다면 바로 중단하세요. 필요하다면 병원에 방문해 적절한 치료를 받아야 합니다.

하세요. 항문과 그 주위에 윤활제를 넉넉하게 바르세요. 당근에 콘돔을 씌우고 여기에도 윤활제를 발라주세요. 항문 입구를 살짝 누르다가 적당한 때를 보아 삽입을 하고 조금씩 더 깊이 넣어봅니다. 긴장을 풀고 호흡을 조절하면서 느낌에 집중하세요.

처음으로 이 행위를 할 때는 삽입을 당하는 사람이 주도권을 갖는 게 좋습니다. 음경이나 딜도가 너무 깊거나 너무 빠르지 않게 적당한 각도로 들어가야 합니다. 그러므로 삽입을 당하는 사람이 음경이나 딜도 위에 앉아서 자기에게 맞게 삽입의 깊이, 속도, 각도를 조절하는 것이 낫습니다.

항문에서 10센티미터쯤 들어가는 데서부터 직장의 근육이 달라집니다. 여기서부터는 초입부의 괄약근을 길들일 때처럼 다시 한번 10초 정도 시간을 들여 근육을 이완시켜야 더 들어갈 수 있습니다.

항문 삽입은 즐거운 성행위여야 합니다. 불편감이 느껴지면 잠시 쉬세요. 불쾌하거나 통증이 느껴지면 바로 멈추고 다음에 하고 싶어질 때 다시 시도하세요. 무리한 항문 삽입은 직장에 미세한 상처를 입힐 수도 있습니다.

삽입을 당하는 입장이라면 발기가 되지 않더라도 걱정하지 마세요. 해부학적으로 항문 삽입을 할 때는 괄약근에 피가 몰리게 되어 있으므로 음경으로는 피가 덜 가서 발기가 약해집니다. 그래서 여러분이 성적으로 무척 흥분하고 쾌감을 느끼더라도 음경은 힘이 없을 수 있는데, 이건 정상적인 생리학적 현상이랍니다.

## 원활한 진행을 위하여

제가 얘기를 나눠본 사람들은 대부분 항문 삽입을 처음 시도했을 때는 잘 되지 않았다고 했습니다. 막심은 처음에 삽입을 잘 해냈기 때문에 삽입을 당하는 기분은 어떨지 빨리 알고 싶었다고 해요.

"상대 남자와는 호흡이 잘 맞았고 섹스도 정말 좋았죠. 그 남자가 제 항문에다가 자기 성기를 박을 때까지는요. 제가 기대했던 것과는 달라도 너무 달랐어요. 제가 받아들이기엔 너무 크고 단단하게 느껴졌죠. 상대가 몇 번이나 시도했지만 제가 결국 '그만, 여기까지만 하자'라고 말할 수밖에 없었어요."

---

항문 삽입을 시도한 경험이 있는 고등학교 졸업반 여학생 가운데 절반 정도는 그 경험이 별로 좋지 않거나 매우 불쾌했다고 답했어요. 항문 섹스는 올바른 방법을 이론적으로 숙지하고 어느 정도 연습해야만 쾌감을 얻을 수 있는 성행위예요. 그리고 모든 성행위가 그렇듯이 항문 섹스도 두 사람 다 하고 싶어서 하는 행위여야 해요.[31]

---

시간이 어느 정도 지난 후, 막심은 다시 시도를 했습니다.

"두 번째는 훨씬 나았지만 그래도 아주 좋지는 않았어요. 저는 어떻게든 성공하고 싶었죠. 삽입을 하는 쪽은 굉장한 쾌감을 느낀다는 걸 알고 있었기 때문에 삽입을 당할 때도 꼭 쾌감을 느끼고 싶었어요!"

성관계에서 삽입에 너무 연연하지 마세요. 그 점은 질에 하는 삽입이든 항문에 하든 삽입이든 마찬가지입니다. 여러분이 할 수 있는 성행위는 아주 다양하고, 항문 섹스도 욕망이 내킬 때 선택할 수 있는 선택지 중 한 가지일 뿐입니다. 항문 삽입을 처음 할 때는 삽입을 당하는(흡입을 하는) 쪽에서 행위를 주도할 수 있도록 배려해주세요. 또한 삽입을 오랫동안 유지하거나 중간에 그만두면 안 될 이유는 없습니다. 다만, 이 행위는 반드시 두 사람 모두에게 즐거운 것이어야 하고 두 사람이 원하는 만큼 할 수 있어야 합니다.

# 10

# 나를 챙기는 법

# 감정

성욕과 섹스는 여러분을 행복하게도 하고 불행하게도 합니다. 혹시 성 문제로 괴로워하고 있다면 정확히 무엇이 마음에 걸리는지, 무엇이 걱정스러운지 잘 생각해보세요. 다양한 성행위를 시도해보고 자신의 성적 욕구를 새로운 방향에서 살펴보세요. 어떤 균형점을 찾아야만 문제가 해결될 텐데 여러분은 반드시 찾을 수 있을 거예요.

섹스와 관련된 여러 가지 걱정 중에는 '잘해야 한다'는 압박감도 있지요. 할 줄 아는 테크닉을 다 보여주고 파트너에게 쾌감을 주고 싶은 마음이 앞설지도 몰라요. 그런데 핵심을 잊지 마세요. 파트너에게 쾌감을 준다는 것은 자신의 이기적 욕망만 채우는 게 아니라, 상대를 배려하고 챙긴다는 뜻이에요. 이게 얼마나 중요한지 몰라요! 두 사람이 섹스를 할 때는 두 사람 모두 즐거워야 한다는 사실을 명심하세요.

그런데 여러분이 자신을 다른 남자들과 비교하기 시작하면 실패에 대한 두려움이 더 커질 거예요. 그럴 만한 이유는 여러 가지가 있죠. 섹스에서의 실패 공포는 만들어진 이미지, 으레 해야 한다고들 생각하는 방식에 자신의 섹스를 끼워 맞추려는 태도를 낳아요. 하지만 현실은 이러한 이미지에 들어맞지 않게 마련이므로 불만과 고민이 더 커질 수밖에 없죠. 여러분이 이런 경우라면 섹스를 하면서 이런 체위를 해봐야겠다, 저걸 해봐야겠다, 머리를 굴리는 대신 현재의 순간에 집중하세요. 하고 싶은 게 있으면 파트너와 허심탄회하게 얘기를 하세요. 여러분이 제안하는 체위를 상대는 전혀 하고 싶지 않을 수도 있으니까요.

실패 공포는 자존감 결여에서 비롯됩니다. 나는 잘하는 게 없다, 나는 소질이 없다, 라고 생각하는 사람은 안됐지만 침대에서도 능력을 발휘하기가 어려워요. 파트너와 서로 신뢰하는 사이라면 터놓고 얘기를 하세요. 파트너에게 좀 더 도움이 되는 말을 들을 수도 있고 이미 잘하고 있다는 안심되는 말을 들을 수도 있겠죠. 어쨌든 장기적으로는 자존감을 키우는 게 답이고, 그런 면에서는 어른의 도움을 받을 수도 있을 거예요.


## 수치심이나 죄의식을 느낀다면

여러분이 하고 있거나 앞으로 하고 싶은 섹스에 부끄러움을 느낀다면, 그러한 수치심은 외부에서 온 것임을 기억해야 합니다. 그건 주위 사람들, 사회, 문화가 전달한 수치심이죠. 우리는 아주 어렸을 때부터 어떤 섹스가 '좋고' '건전하며' 그 외의 섹스는 '나쁘고' '불건전하다'는 생각을 부지불식간에 주입당하며 살아왔습니다. 이건 결국 여러분의 성을 타인들의 기준과 비교해서 느끼는 수치심일 뿐이죠. 그런데요, 남들의 기준 따윈 상관없어요! 섹스에 있어서 무엇이 좋고 나쁜지는 여러분 자신이 정하는 거예요. 여러분이 어떤 의미로든—신체적으로나 정신적으로나—아무에게도 상처를 주지 않는 한, 파트너가 여러분이 하고 싶어 하는 성행위를 자의로 받아들이는 한, 여러분은 뭘 하든 부끄러워하지 않아도 돼요.

섹스를 아주 천박한 일처럼 생각하는 사람들도 있어요. 그런 사람들은 섹스를 하면서 죄의식과 수치심을 느끼게 마련이죠. 하지만 그들도 다 섹스를 하고 그 순간만큼은 쾌감을 맛봅니다. 하지만 그 다음에는 수치심에 괴로워하겠지요. 그래서 섹스 생각을 하지 않으려고 안간힘을 쓰고, 그러다 또 욕망에 못 이겨 섹스를 하고, 그다음에는 또 괴로워합니다. 섹스 문제를 해결하지 않는 이상, 수치심은 영원히 멈추지 않는 수레바퀴가 될 수밖에 없어요. 수치심에 시달리다가 쾌감을 정면으로 마주하지 못하는 사람들도 있어요. 그들은 술기운이나 약 기운을 빌려야만 섹스를 하고 섹스를 아주 파괴적인 행위로 만들어버리지요.

성행위가 부끄럽게 느껴진다면 용기를 내서 여러분이 그 행위를 좋아한다는 사실을 인정하기 바랍니다. 자기 본연의 모습을 지지해 주세요. 그래야만 수치심 없이 섹스를 즐기고 나중에도 죄의식에 시달릴 일이 없어요. 그래도 수치심과 죄의식을 벗어나기가 너무 어렵다면 전문가와 상담을 하는 것도 좋아요.


**직감을 따르세요**

앞 장에서 분명히 말했듯이 남자라고 해서 늘 섹스를 하고 싶은 건 아닙니다. 본인도 섹스를 하고 싶은 건지 아닌지 헷갈릴 때가 있지요. 남자는 때때로 이건 진짜 아니라는 감이 오는데도 유혹에 넘어가고 맙니다. 막판에 가서 마음을 바꾸게 되는 이유는 여러 가지가 있을 수 있지요.

파트너가 그렇게 마음에 들지 않더라도 이미 성적으로 흥분했거나 그냥 한번 해보자는 심산이면 섹스를 할 수 있습니다. 친구들 앞에서 으스대고 싶어서 여자랑 잘 수도 있고요. 혹은, 파트너를 너무 사랑하기 때문에 섹스를 거부하면 버림받을까 봐 내키지 않는 섹스를 하기도 합니다. 출발은 좋았다가 중간에 어그러졌지만 그 상황에서 그만하자는 말을 차마 못 할 수도 있고요. 자존감이 약한 사람이라면 그게 자기가 바랄 수 있는 최선이라고 체념한 채 원치 않는 섹스를 할지도 몰라요.

직감을 거역하게 되는 이유가 무엇이든 간에, 이것만은 분명합니다. 직감을 따르지 않는다는 것은 자기 자신을 부당하게 대하는 거예요. 나중에 후회하지 말고 자기감정에 충실하세요. 아니다 싶은 행동은 실제로 할 만한 가치가 없습니다!

지배적 남성성에 걸맞게 행동하고 말고는 중요하지 않습니다. 여러분이 정말로 원하는 것은 여러분만이 알 수 있어요. 스스로 한계를 정하기 어렵거나 어디까지가 여러분의 한계인지 잘 모르겠다면 전문가와 상담해보세요. 그리고 어떤 경우든 자신의 직감을 따라가세요. 직감적으로 이건 싫다 싶으면 하지 말고, 직감적으로 이건 좋다 싶으면 하세요!


## 섹스를 강요당한다면

남자도 때때로 원치 않는 섹스를 강요당합니다. 단지 이런 경우는 여자가 압도적으로 많기 때문에 좀처럼 이야기되지 않을 뿐이죠. 섹스 강요가 꼭 폭력적인 분위기에서 이루어지는 것만은 아닙니다. 가령, 피해자가 너무 충격을 받거나 겁에 질려 저항하거나 움직이지 못할 수도 있지요.

거부 의사를 표현할 수 없는 상황에서 섹스를 강요당하기도 합니다. 술이나 약에 취해 저항 능력이 없을 때, 혹은 잠들었을 때 그런 일을 당하기도 하지요. 게다가 앞에서도 말했듯이 성적으로 흥분하지 않았는데 발기가 일어나기도 하고, 원치 않는 섹스에서 쾌감이 느껴지기도 합니다. 이 때문에 어떤 남자들은 자기가 섹스를 강요당한 피해자라는 사실을 잘 이해하지 못해요.

2016년에 실시한 조사에서 강간을 당한 경험이 있는 남성은 2,700명, 강간 시도에 피해를 입은 경험이 있는 남성은 1,100명으로 집계되었습니다(여성은 각기 5만 2,400명, 3만 6,900명이었습니다). 그중 4분의 3은 만 18세 이전에 일어난 일이었고 9건은 만 15세 전에 일어난 일이었습니다. 강간 및 강간 미수 외 다른 종류의 성추행을 경험한 남성도 18만 5,000명(여성은 55만 3,000명)이나 되었으며 그중 45퍼센트는 20세에서 34세 사이에 있었던 일로 조사되었습니다.[32]*

---

* 우리나라의 경우, 만 19세 이상 64세 이하 남녀 10,000명 중 평생 한 번이라도 강간, 성추행 등 신체 접촉을 동반한 성폭력 피해를 당한 경험이 있는 비율은 9.6퍼센트였고, 이때 여성이 18.5퍼센트, 남성이 1.2퍼센트로 나타났습니다(출처: 2019 성폭력 안전실태조사). 또한, 해바라기센터 남성 성폭력 피해자 이용 현황에 따르면 남성 성폭력 피해자는 2015년 1,019명, 2016년 1,057명, 2017년 1,117명으로 집계되었습니다. 특히 2017년 남성 성폭력 피해 사례에서 82.8퍼센트가 남성 가해자, 10.2퍼센트가 여성 가해자, 성별을 알 수 없는 경우가 6.9퍼센트를 차지했습니다(출처: 한국여성인권진흥원).

저와 알고 지내는 라르스라는 친구가 이런 얘기를 들려준 적이 있어요. 그는 어떤 남자와 자기로 하고 그 사람 집으로 갔어요. 그런데 그 집에 들어가자마자 분위기가 험악하게 바뀌었고 라르스는 강간을 당했죠. 하지만 그는 경찰에 신고하지 않았어요. 이처럼 남자들은 이런 일을 당해도 대개 신고도 하지 않은 채 그냥 넘어가죠.

"남자가 강간을 당했다고 하면 믿어주지도 않을걸. 미디어에서 남자는 늘 강간을 하는 쪽이고 당하는 쪽이 아니잖아. 그래서 남자는 억지로 성관계를 당하고도 그게 자기 잘못이라고 생각하기 일쑤지. 정말 억울한 일이야." 라르스가 말했어요.

어렸을 때든 성인이 되고 난 후든 원치 않는 섹스를 강요당했다면, 혼자서만 끙끙 앓지 말고 반드시 도움을 청해야 합니다.


## 말할 상대가 필요해

자신의 문제나 고통을 혼자 끌어안고 침묵하기보다는 타인에게 털어놓는 편이 대개 더 낫습니다. 여러분은 친구, 친척, 가족, 학교나 청소년 클럽에서 일하는 어른, 특정 웹사이트나 연락처를 통해서 만날 수 있는 전문가 등을 대화 상대로 삼을 수 있습니다(이 책 맨 끝에 도움이 되는 기관 및 연락처를 정리해두었습니다). 물론, 모두가 좋은 답을 주지는 못할 겁니다. 그렇더라도 중간에 포기하거나 좌절하지 말고 적당한 대화 상대를 찾아보세요. 분명히 찾을 수 있을 거예요.

저는 시몽이라는 청소년 쉼터에서 일하는 교사를 인터뷰한 적이 있습니다. 시몽은 남자들이 뭔가 잘못되어가고 있다는 것 자체를 모르거나 이유를 이해하지 못한다고 말하더군요.

"어떤 애들은 의학적인 고민을 안고 찾아옵니다. 주로 성병에 감염된 것 같다면서 찾아오죠. 하지만 그 애들하고 대화를 좀 깊이 나누다 보면 가정에서의 고민이나 미래에 대한 걱정 얘기까지 듣게 되지요."

시몽은 남자애들이 불안이 장기간 지속되고 범상치 않은 형태로 발전하면 어떻게 되는가에 대한 의식이 별로 없다고 지적했습니다. 내면의 고통이 늘 눈물과 슬픔으로 표출되지는 않습니다. 어떤 이들은 침대에 누워서 꼼짝도 하지 않고, 또 어떤 이들은 술을 진탕 마시며 또 어떤 이들은 아무것도 아닌 일에 짜증을 냅니다. 그러한 신호들에 경계심을 가져야 합니다. 고통은 성생활에도 영향을 미치지요.

"남자애들은 잠자리 문제를 상담하러 오지만 그 문제가 다른 감정들과 관련이 있다는 걸 몰라요. 사는 게 힘들어지면 성생활에도 영향이 갑니다. 이 경우, 자칫 악순환이 일어날 수도 있어요. 사는 게 힘들어 섹스가 잘 안 되는데 섹스가 시들해지니까 사는 게 더 재미없어지는 거죠."

그러므로 여러분이 좌절하는 진짜 이유를 누군가와의 대화를 통해서 말로 풀어낼 수 있어야 합니다.

# 안전한 섹스

저는 섹스가 기분을 좋게 해주기 때문에 아주 멋진 것이라고 생각합니다. 섹스는 타인과 나의 관계를 더 아름답게 하고, 그 관계를 한층 더 은밀하고 특별한 것으로 만들어주죠. 그래서 저는 섹스를 긍정적으로 생각하고, 앞으로도 계속 그렇게 생각할 수 있기를 바라요.

그러나 섹스 때문에 미칠 듯이 불안해질 수도 있어요. 가령, 아침에 일어났는데 옆자리에 모르는 사람이 누워 있고 '젠장, 내가 뭔 짓을 한 거야. 설마 성병이라도 옮는 건 아니겠지? 혹시 이 여자가 임신이라도 하면 어떡하지?'라는 생각이 든다면 어떻겠어요? 저는 섹스가 골칫거리로 둔갑하기를 원치 않기 때문에 안전한 섹스를 선호합니다.

이렇게 말하는 이유는 섹스가 100퍼센트 안전할 수만은 없기 때문입니다. 콘돔은 찢어지지 말라는 법이 없고, 나도 모르는 사이 성전파질환에 감염되기도 해요. 그렇지만 섹스에 좀 더 안전을 기하는 방법은 아주 많이 있답니다.

## 결단을 내릴 것

STI(Sexually Transmitted Infection)*를 예방하는 것이 세이프 섹스(safe sex, 안전한 섹스)입니다. 여러분 말고는 다른 누구도 안전한 섹스에 신경을 쓸 것이냐 말 것이냐를 결단할 수 없습니다. 보건복지부가 권장하니까 혹은 책이나 홍보 팸플릿에서 읽었기 때문에 이 결단을 내리는 게 아니에요. 이건 여러분 자신과 여러분의 파트너를 위하는 일입니다.

가장 좋은 방법은 혼자일 때 이 문제를 깊이 생각해보고 입장을 정리하는 거예요. 팬티를 내리고 질이나 항문에 삽입을 하려는 순간 생각하면 늦습니다. 세이프 섹스를 지향해야 할 이유는 하나둘이 아니죠. 감염되지 않을까, 돌이킬 수 없는 일이 되지 않을까, 라는 걱정이 없으면 섹스를 더 자유롭고 온전하게 즐길 수 있다는 것도 중요한 이유겠고요.

---

만 15세 청소년 가운데 80퍼센트는 성관계를 할 때 반드시 콘돔을 쓴다고 해요. 이 조사는 나이가 어릴수록 안전한 섹스에 주의를 기울인다는 것을 보여주었어요.[33]**

---

상대가 STI가 있는지 없는지 육안으로 파악할 방법은 없어요. 그

---

\* STI는 성전파질환을 의미합니다. 아마 비뇨기과나 산부인과에서 성병 검사인 STD(Sexually Transmitted Disease) 검사를 봤던 경험이 있을 거예요. WHO에서 명칭을 변경하여 최근에는 STI라고 부릅니다. 우리나라의 경우 '성병'이라고 많이 부르는데, 올바른 명칭은 '성전파질환'입니다.

\*\* 우리나라의 경우, '항상' 피임을 하는 청소년은 26.5퍼센트에 불과합니다. '대부분' 피임하는 경우를 포함해도 48.8퍼센트로 절반을 넘지 못하죠. 또한 피임을 한다고 응답한 청소년 중 69.3퍼센트가 콘돔을 사용한다고 합니다(출처: 2016년 청소년건강행태온라인조사).

점은 남자나 여자나 마찬가지죠. 안전하지 않은 섹스를 한다는 것은 STI에 여러분이 감염되거나 타인을 감염시킬 수도 있다는 뜻입니다.

## STI는 어떻게 작용하는가?

우리 몸에는 귀두, 질, 항문, 입, 눈처럼 점막으로 이루어진 부분이 있습니다. 이러한 점막을 보호하면 HIV를 비롯하여 STI의 상당수를 막을 수 있습니다. 이론적으로 STI는 두 사람의 점막이 접촉할 때 옮겨집니다. 하지만 STI는 정액이나 혈액을 통해서도 옮겨질 수 있습니다.

청소년들은 STI에 대해서 잘못 알고 있는 경우가 많은데요. 가령, 이미 오래전에 아문 흉터에 에이즈 보균자의 혈액이 묻거나 보균자를 물었던 모기에게 물리는 경우에도 감염이 되는 게 아닌지 걱정하는 청소년들이 있습니다. 그런 걱정은 하지 마세요. 그리고 클라미디아 감염증에 걸린 사람이 앉았던 변기를 쓰면 역시 감염이 일어나지 않을까 걱정하는 청소년들도 있지요. 그런 걱정도 필요 없습니다. 클라미디아균은 공기 중에서 오래 살지 못하거든요.

## 안전하게 섹스하는 법

세이프 섹스를 실천하고 싶다면 안전장치를 이중으로 할 것을 권합니다. '안전하게'와 '더욱더 안전하게'라는 두 단계로 확실히 단속하세요. 그 구체적인 방법을 소개하겠습니다.

## 자위

안전하게: 자위는 그 자체가 안전한 섹스이며 HIV 감염 위험이 없습니다.

더욱더 안전하게: 다른 사람에게 자위를 해주면서 손에 점액이 묻었다면 절대 그쪽 손으로 눈을 비비지 마세요.

## 여성과의 오럴 섹스

안전하게: 혈액도 HIV 감염의 매개가 될 수 있으므로 월경혈이 눈이나 입에 묻지 않도록 주의하세요. 월경 중인 여성에게 쿤닐링구스를 한다면 콘돔을 잘라서 만든 막이나 주방용 위생랩으로 상대의 성기를 완전히 덮어야 합니다.

## 남성과의 오럴 섹스

안전하게: 정액이 HIV 감염의 매개가 될 수 있으므로 눈이나 입에 묻지 않도록 조심하세요.

더욱더 안전하게: 음경에 콘돔을 씌우고 나서 펠라티오를 하세요. 사정전요도액(쿠퍼액)으로 감염될 수 있는 질병이 있으므로 귀두를 직접 입에 넣어서는 안 됩니다.

## 마찰

안전하게: 삽입을 하지 않고 성기를 비비기만 하는 마찰은 그 자체가 안전한 섹스이며 HIV 감염 위험이 없습니다. 그러나 사정 후 정액이나 그 밖의 점액에 닿지 않도록 주의하세요.

더욱더 안전하게: 콘돔을 쓰세요.

## 질 삽입 섹스

안전하게: 콘돔을 쓰세요. HIV와 클라미디아, 그 외 STI 감염을 막을 수 있습

니다. 원치 않는 임신을 막을 수 있다는 점에서도 좋아요. 피임만 할 거라면 경구피임약이나 그 밖의 방법을 쓸 수도 있지만, 그 방법들은 STI 감염까지 막아주지 않습니다.

### 항문 삽입 섹스

안전하게: 콘돔과 수용성 윤활제를 꼭 쓰세요. 수용성 윤활제가 없다고 로션이나 그 밖의 지용성 윤활제를 쓰면 콘돔이 손상될 우려가 있습니다. 타액을 쓸 수도 있지만, 너무 빨리 말라버린다는 단점이 있습니다. 그러므로 이 행위를 할 생각이 있다면 반드시 콘돔과 수용성 윤활제를 준비해두세요.

......................................................................................................

콘돔은 대개 라텍스로 만들어지는데 드물게 라텍스 알레르기가 있는 사람이 있습니다. 이러한 사람을 위해서 특수 소재 콘돔이 나와 있으니 약국에 문의해보세요. 그리고 '페미돔'이라고 하는 여성용 콘돔도 나와 있습니다. 페미돔은 라텍스가 아니라 폴리우레탄 소재이고 질 삽입 섹스와 항문 삽입 섹스에 모두 사용 가능합니다.

......................................................................................................

## HIV와 클라미디아란 무엇인가?

다양한 STI에 대해서 자세히 알고자 하는 독자는 관련 인터넷 링크와 성전파질환 예방 홍보물 등을 참조하세요. 여기서는 STI 중에서도 청소년들이 특히 취약한 HIV와 클라미디아만 다루고 넘어가겠습니다.

HIV(인간면역결핍바이러스)는 인간 면역계를 공격하는 무서운 질병인 데다가 아직까지 치료 방법이 나오지 않았습니다. HIV는 혈액과 정액으로 전염되며 땀이나 침으로는 전염되지 않아요. 그러나 바이러스 증식을 억제하는 약을 복용하지 않으면 우리 몸을 보호하는 백혈구가 계속 파괴됩니다. 그러다 에이즈가 발병하면 면역력이 너무 약해져서 생명의 위협을 받지요. 보통은 다른 병이 생겨서 합병증을 이기지 못해 사망에 이릅니다.*

현재, 바이러스 증식을 억제하여 에이즈 발병을 늦추는 약이 여러 가지 나와 있습니다. 하지만 분명히 말하건대, 이 약은 에이즈를 치료해주지는 못합니다. 단지 바이러스 증식을 늦출 뿐이에요. 그래도 이 약을 어렵지 않게 구할 수 있는 나라에 산다면, 바이러스 보균자라고 해도 사형 선고를 받은 건 아닙니다. 게다가 과학자들은 보균자도 약을 꾸준히 복용하고 치료를 받으면 혈액 검사에서 바이러스가 더는 검출되지 않으며 섹스 파트너를 감염시키지도 않는다는 사실을 증명했습니다.

클라미디아는 HIV만큼 위험하지 않지만, 청소년들에게 가장 흔한 STI라는 점에서 주목할 만합니다. 이 박테리아는 오럴 섹스, 질 삽입 섹스, 항문 삽입 섹스 등에 안전을 기하지 않으면 감염되기 매우 쉽습니다. 대개의 경우, 감염이 되더라도 한동안은 별다른 징후가 없습니다. 하지만 오랫동안 치료하지 않고 내버려두면 불임, 특히 여성 불임으로 이어지기 쉽습니다. 다행히 클라미디아 감염증은 치료가 쉽고 오래 걸리지 않으며 예후가 좋지요.

---

* 에이즈(AIDS)와 HIV는 다릅니다. HIV는 에이즈를 발병시키는 원인 바이러스로, 이 바이러스에 감염된 사람 모두가 에이즈에 걸리는 건 아닙니다. 'CD4'라는 세포가 일정 수치보다 낮아지게 되면, 그때 에이즈라고 판정받게 되지요.

HIV를 제외한 다른 STI는 대부분 치료가 가능합니다. STI 감염 경로는 대개 다 비슷하기 때문에 세이프 섹스가 STI를 예방하는 최선의 방법이지요.

세이프 섹스로 예방할 수 없는 성생활의 다른 문제들을 지적해두고 싶네요. 첫째, 사면발이는 음모에 붙어사는 미세한 벌레로 가려움증을 유발하지만, 그렇게 위험하지는 않습니다. 병원에서 처방받은 후 약국에 가면 효과 좋은 치료제를 구입할 수 있을 거예요. 둘째, 성기단순포진(헤르페스 바이러스)은 음순이나 그 주위에 물집이 생기는 것으로 역시 치료는 쉬운 편입니다. 병변을 발견하면 바로 의사나 약사에게 상담해서 적당한 약을 구해 치료하세요. 주의할 점은 면역력이 떨어지거나 스트레스를 받으면 재발할 수 있다는 거예요. 그러므로 평상시 세이프 섹스를 하는 게 중요합니다.


## 콘돔 착용법

콘돔은 STI와 임신을 피할 수 있는 가장 확실한 방법입니다. 프랑스는 2018년부터 산부인과나 조산원에서 처방받은 콘돔 구입 비용을 국민건강보험으로 처리해주고 있습니다. 또한 콘돔을 무료로 나눠주는 단체도 많이 있습니다.[**]

---

[**] 우리나라는 보건소에서 무료로 콘돔을 나눠주고 있어요. 누구나 가져갈 수 있도록 비치해두죠. 많은 사람들이 콘돔을 성인 용품이라 생각하지만, 콘돔은 의약외품으로 치료용 밴드처럼 누구나 구매할 수 있어요.

콘돔 사용이 귀찮을 수는 있어도 결코 어렵지는 않습니다. 토마라는 친구의 얘기를 들어보죠.

"삽입 직전에 콘돔을 씌우는 건 아주 간단하던데요. 음, 하지만 제가 집에서 연습을 많이 해봐서 그럴지도 몰라요. 포장을 뜯어서 콘돔을 펴고 제 성기에 씌워보는 것까지 여러 번 해봤죠."

토마는 초박형 콘돔이라는 제품을 써봤더니 콘돔 없이 삽입할 때와 비교해도 느낌이 별로 다르지 않았다고 해요. 그래서 콘돔을 훨씬 더 애용하게 됐다고 합니다. 콘돔을 쓰는 것보다는 콘돔 얘기를 꺼내는 게 오히려 더 어렵다나요.

"상대에게 콘돔을 쓰자는 말이 늘 쉽게 나오진 않더라고요. 뭔가 저돌적이고 섹시하게 보이길 원하는데 콘돔은 그런 이미지가 아니거든요."

콘돔을 꺼낼 때 상대가 어떻게 반응할까 걱정하는 건 당연합니다. 하지만 연구 조사에 따르면 남자든 여자든 잠자리 상대가 먼저 콘돔을 챙기면 더 호감이 간다고 하네요.

가장 곤란한 부분은 콘돔을 착용하느라 머뭇대는 동안 성적 흥분이 반감된다는 겁니다.

"콘돔을 끼우다 보면 '이거 끼우는 사이에 성기가 고개를 숙이면 어떡하지?' 걱정이 되거든요. 그래서 저는 두 가지 전략을 쓰죠. 하나는 상대에게 콘돔을 씌워달라고 하는 거예요. 원만하게 진행을 하다가 삽입 직전에 상대에게 부탁을 하면 돼요. 또 다른 전략은 아예 전희 단계에서 미리 착용하는 거예요. 그러면 삽입 직전에 콘돔을 씌우느라 허둥대다 발기 상태가 죽을 염려는 없죠."

저는 토마의 얘기가 무척 흥미로웠습니다. 여러분도 첫 경험에 닥쳐서야 허둥대지 말고 미리 집에서 콘돔 사용법을 연습해보세요. 다양한 타입의 콘돔을 착용해보고 여러분과 파트너에게 가장 잘 맞는 것을 고르세요. 발기 상태에서 성기의 크기, 콘돔 재질의 감촉과 두께에 따라 다양한 선택지가 있습니다. 전희 단계에서 파트너와 함께 콘돔을 씌워보는 것도 좋아요. 여러분이나 여러분 파트너가 콘돔을 쓰는 습관이 들어 있지 않다면 지금부터라도 솔선수범하세요.

콘돔이 준비되어 있지 않은 상태에서 섹스를 하고 싶어지면 삽입 섹스를 피하고 안전한 다른 행위들에 집중하세요.

## 콘돔 사용도 단계적으로!

· 포장에 나 있는 홈을 찾아서 뜯어주세요. 포장을 가위로 자르거나 치아를 써서 찢으면 안에 들어 있는 콘돔까지 손상될 수 있으니 홈을 따라 가볍게 뜯어주세요.

· 콘돔의 링 부분을 한 손 엄지와 검지에 끼우고 다른 쪽 손으로는 끝부분을 집어 올려 음경을 끼우는 방향을 확인하세요. 라텍스에서 윤활제가 발라져 있는 부분이 바깥쪽입니다.

· 포경 수술을 하지 않았다면 귀두를 포피 밖으로 노출시켜야 합니다. 포경 수술을 했다면 귀두에 침이나 윤활제를 조금 바르세요. 이렇게 해야 콘돔에 음경이 더 잘 들어갑니다.

· 엄지와 검지로 콘돔의 정액받이 부분을 잡고 한바퀴 반을 돌려주세요. 그러면 콘돔의 공기가 빠집니다. 정액받이를 돌려 잡은 상태에서 귀두부터 넣어주세요. 콘돔을 씌우다가 찢었다는 사람들은 대개 이 단계에서

콘돔과 음경 사이의 공기가 미처 빠져나가지 못해 낭패를 봅니다. 손톱이나 반지에 콘돔이 걸려서 찢어지는 경우도 있으니 주의하세요.

· 이제 발기한 음경에 꼭 맞게 콘돔을 펴주세요. 정액받이 부분을 한 손으로 잡고 있고 다른 손은 콘돔의 링 부분을 잡습니다. 콘돔은 정액을 받는 공간이 필요하기 때문에 페니스보다 살짝 길게 제작됩니다. 그러므로 콘돔을 음경의 뿌리 쪽까지 다 씌웠을 때 끝부분이 1~2센티미터 남는 게 정상입니다.

· 사정 후에도 음경이 질이나 항문 속에 들어가 있는 상태라면 콘돔의 링부분을 잡고 빼내세요. 발기가 금세 사라지고 나면 음경만 빠지고 콘돔은 빠지지 않을 수도 있거든요. 다 쓴 콘돔은 묶어서 쓰레기통에 버리세요. 콘돔은 재사용이 불가능합니다!

## 왜 검사를 받아야 하나?

안전한 섹스는 콘돔 사용만으로 되는 게 아니에요. 적어도 일 년에 한 번은 STI가 없는지 검사를 통해 확인할 필요가 있습니다. 여러분이 아무리 예방을 했다고 해도 성관계에서 어떤 감염이 있었을 확률이 아예 없지는 않거든요. 대부분의 STI는 그렇게까지 심각한 문제가 아니에요. 하지만 감염 사실을 알아야만 빨리 치료에 들어갈 수 있어요. 어떤 성전파질환은 뚜렷한 징후가 없기 때문에 검사를 통해서만 감염 여부를 알 수 있답니다.

제가 처음으로 검사를 받았던 때가 생각나네요. 병원 대기실에 앉아 있을 때는 왠지 기분이 무거웠어요. 그러다가 드디어 제 차례가 되었죠. 일단 작은 용기에 소변을 받아와야 했어요. 그러고 나서

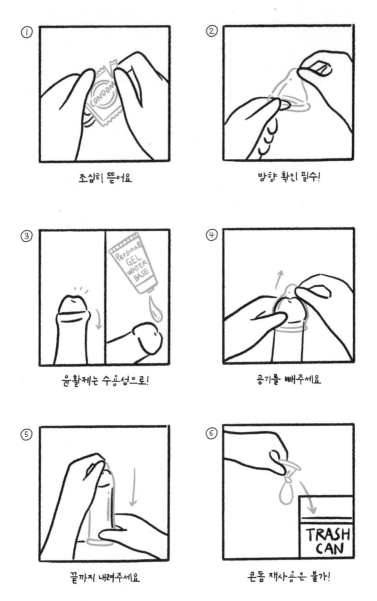

① 조심히 뜯어요

② 방향 확인 필수!

③ 윤활제는 수용성으로!

Personal GEL WATER-BASE

④ 공기를 빼주세요

⑤ 끝까지 내려주세요

⑥ 콘돔 재사용은 불가!

TRASH CAN

**콘돔 사용법**

간호사가 요도에 면봉을 갖다 댔어요. 간호사가 검사 과정을 설명해주긴 했지만 너무 긴장해서 그런지 좀 아팠어요. 그래도 트라우마가 생길 정도는 아니었죠. 또 간호사는 면봉으로 제 목구멍의 조직을 두 군데 채취했어요. 실제로 펠라티오나 쿤닐링구스에서 감염된 클라미디아균, 임균, 매독균이 여기서 번식할 가능성이 있거든요. 마지막 검사는 HIV 반응을 알아보기 위한 혈액 검사였어요. 처음에는 무척 겁이 났지만 별 어려움 없이 검사가 끝났죠. 일주일 후에 제 몸에는 어떤 종류의 STI도 없다는 결과를 받아보았어요.

검사를 받고 치료할 것이 있으면 하루 빨리 치료를 하는 것이 가장 중요합니다. 여러분 자신의 건강과 행복을 위해서도 그렇고, 파트너를 위해서도 그렇죠. 파트너를 생각한다면 STI를 옮기는 일은 없어야 하지 않겠어요?

# 임신

두 사람이 하는 섹스라면 피임도 두 사람이 함께해야 해요. 상대 여성이 콘돔을 준비하거나 피임약을 먹기를 바라는 식으로 나 몰라라 해서는 안 되죠. STI 예방도 그렇고, 피임도 그렇고, 두 사람이 참여와 책임을 나눠 가져야 해요. 서로의 행복을 위해서 섹스 전과 후에 챙겨야 할 부분들이 있지요.

어떤 남자들은 삽입 섹스를 했어도 질외 사정을 하면 여자가 임신할 리 없다고 철석같이 믿더군요. 하지만 질외 사정 외의 다른 피임법을 쓰지 않은 커플 5쌍 중 1쌍은 일 년 내에 원치 않는 임신을 한다는 통계도 있어요. 그 이유는 남자가 사정을 늘 완벽하게 조절할 수 없기 때문이에요.

그 유명한 '오기노 피임법'도 허점이 많기는 마찬가지예요. 이 방법은 여성의 월경 주기를 계산해서 자연적으로 임신이 되지 않는 기간을 찾아내지요. 그런데 여성의 월경 주기는 매달 조금씩 다를 뿐 아니라 배란이 늘 같은 날 일어난다는 보장이 없어요. 그리고 정자는 포궁 속에서 짧게는 3일, 길게는 7일까지 살 수 있지요. 정자와 난자의 수정은 보통 성관계 후 24~48시간 내에 이루어지고요. 그러므로 그저 가임기를 피하는 것은 최적의 피임법이 아니에요.

만약에 성적 흥분을 자제할 수 없어서 피임을 하지 않은 채 질내 사정을 했다면 '응급피임약'을 복용하거나 포궁 내 장치(IUD), 일명 '코일'을 넣는 방법이 있어요. 두 방법 모두 성관계에서 72시간 이내에, 될 수 있으면 최대한 빨리 실행하는 것이 좋아요. 그리고 응급피임약은 임신이 되지 않게 방해하는 효과가 있을 뿐, 이미 시작된 임신을 '중단'시키는 약, 일명 '낙태약'이 아니랍니다.

---

응급피임약의 효과는 섹스 후 24시간 내에 복용하면 95퍼센트, 48시간 내에 복용하면 80퍼센트, 72시간 내에 복용하면 57퍼센트 수준입니다.[34]

---

응급피임약이 사전 예방과 피임을 대체할 수는 없습니다. 응급피임약은 월 1회 이상 먹으면 효과가 떨어지거든요. 이미 보호책 없이 섹스를 해버렸고 그로 인한 책임을 분담할 마음이 있다면, 산부인과나 가정의학과 같은 병원에 가서 응급피임약을 처방받으세요. 이때 진료에 필요한 몇 가지 정보를 미리 알아가세요. 성관계 일자(72시간이 지났다면 약을 처방해주지 않아요), 마지막 월경일, 피임 방법, 응급피임약 복용 경험, 알레르기가 있는 약물 등을 알아두면 도움이 될 거예요.

## 임신 중단

그래도 여자가 임신을 했다면 남녀가 함께 책임을 져야 합니다. 둘 다 원치 않았어도 두 사람이 함께 불러온 결과임은 분명하니까요. 하지만 임신은 여자의 몸에서 일어나는 일이기 때문에 임신을 중단할 것인가 말 것인가는 여자가 결정해야 합니다. 이건 굉장히 민감한 문제이기 때문에 두 사람이 충분히 대화를 나눌 필요가 있어요. 남자는 도망가고 여자 혼자 그런 일을 감당하게 해서는 안 됩니다. 여자에게 어떻게 하기를 원하는지 물어보세요. 임신중절수술을 받을 때 여러분이 동행해주기를 바라는지, 수술 이후에도 계속 만나기를 원하는지 등등을 확실히 알아두세요. 여자의 생각과 감정이 어떻든 간에, 여러분은 경청하고 지지하는 입장에 서야 해요. 그리고 임신중절수술이 꼭 관계의 파국은 아니라는 것도 알아두세요. 나는 둘이 사귀다가 여자가 임신 중단을 했지만 그 후에도 관계를 잘 이어나갔던 커플을 여럿 보았어요. 이 위기 상황에서 여러분이 어떻게 행동하느냐가 두 사람의 관계를 좌우할 거예요.

## 피임

파트너와 콘돔 없이 섹스를 하고 싶다면, 먼저 두 사람 모두 STI가 없는지 검사부터 하고 나서 두 사람에게 적합한 피임법을 찾으세요. 콘돔 말고도 피임법은 경구피임약, 패치, 질 내 고리 등 여러 가지가 있습니다. 전문가와 상의해서 가장 적합한 피임법이 무엇인지 알아보세요. 가깝게는 학교 보건실 선생님에게 도움을 구할 수도 있고, 병원에 방문해 상담을 받을 수도 있습니다.

콘돔의 대안적 피임법들이 문제가 없는 건 아닙니다. 피임약을 먹으면 머리가 아프고 성욕이 감퇴하거나 여드름이 난다는 여자들이 있습니다. 이런 이유로 피임약 복용을 포기할 수도 있죠. 그러니 상대가 당연히 피임약을 먹었을 거라고 짐작하지 말고 늘 콘돔을 소지하세요.

때로는 이러한 예방책이나 검사를 챙기는 게 귀찮다는 생각이 들 겁니다. 성적으로 몹시 흥분했거나 술을 많이 마신 상황에서는 귀찮은 마음이 더욱더 앞서겠지요. 그렇지만 마음 단단히 먹고 습관을 들이면 다 할 수 있습니다. 책임지는 자세가 섹스의 순간을, 그리고 그 이전과 이후를 마음 편하게 합니다. 또한 이러한 자세는 여러분 자신과 타인에게 좋은 일입니다. 여러분은 어른으로 성장하는 중대한 한 걸음을 내딛게 될 거예요.

# 도움이 되는 기관 및 연락처

| 관련 기관 | 연락처 |
| --- | --- |
| 청소년사이버상담센터 | 1388 / 카카오톡ID: #1388 |
| 한국청소년쉼터협의회 | 02-403-9171 |
| 푸른나무재단(청소년폭력예방재단) | 1588-9128 |
| 청소년성소수자위기지원센터 띵동 | 02-924-1224 / 카카오톡ID: 띵동119 |
| 한국성폭력상담소 | 02-338-5801 |
| 이레성폭력상담소 | 02-865-1366 |
| 탁틴내일아동청소년성폭력상담소 | 02-3141-6191 |
| 디지털성범죄피해자지원센터 | 02-735-8994 |
| 가족과성건강아동청소년상담소 | 02-2688-1366 |
| 푸른아우성(성상담) | 02-332-9978 |
| 정신건강위기상담전화 | 1577-0199 |
| 에이즈상담센터 | 1599-8105 |
| iSHAP(성소수자 에이즈예방센터) | 02-749-1107 |
| KHAP(한국에이즈퇴치연맹) | 02-792-0083 |

주

1    Unga Med Attityd 2007 [Young with Attitude 2007] (Stockhom: The Swedish Agency for Youth and Civil Society, 2007), 46~47.

2    Hite, The Hite Report on Male Sexuality (New York: Knopf, 1981), 1093~94.

3    Robert Baden-Powell, "Continence" from Scouting for Boys: The Original 1908 Edition (Oxford: Oxford University Press, 2005), 351.

4    Hite, The Hite Report on Male Sexuality, 1106.

5    Thomas Johansson and Nils Hammaren, Koll pa porr: skilda roster om sex, pornografi, medier och unga [Watching Porn: Different Voices on Sex, Pornography, Media and Youth] (Stockholm: The State Media Council, 2006), 25~48.

6    Sven-Axel Mansson, Ronny Tikkanen, Kristian Daneback, and Lotta Lofgren-Martenson, Karlek och sexualitet pa internet [Youth and Sex on the Internet] (Gothenburg and Malmo: Gothenburg University and Malmo University, 2003), 41.

7    Hite, The Hite Report on Male Sexuality, 1091.

8    Eva Witkowska, Sexual Harassment in Schools: Prevalence, Structure and Perceptions(Stockholm: Arbetslivsinstitutet [National Institute for Working Life], 2005), 26.

9    Estimate made by family therapist Anders Eklund Ramsten, based on his experience, DN.

10    Fanny Ambjornsson, I en klass for sig: genus, klass och sexualitet bland gymnasietjejer [In a Class of Their Own: Gender, Class and Sexuality among High School Girls] (Stockholm: Ordfront Forlag, 2010).

11   Margareta Forsberg, Ungdomar och sexualitet [Youth and Sexuality] (Stockholm: Statens Folkhalsoinstitut, 2006), 14~21.

12   Neil Strauss, The Game : Penetrating the Secret Society of Pickup Artists, Reagan Books, 2005.

13   Eva Witkowska, Sexual Harassment in Schools: Prevalence, Structure and Perceptions(Stockholm: Arbetslivsinstitutet [National Institute for Working Life], 2005), 26.

14   Christina Osbeck, Ann- Sofie Holm, and Inga Wernersson, Krankningar i skolan : forekomst, former och sammanhang [Violations in School: Occurrence, Forms and Contexts](Gothenburg: Gothenburg University, 2003), 99.

15   Boris Klanger, Tanja Tyden, and Leena Ruusuvaara, "Sexual Behavior Among Adolescents in Uppsala, Sweden," Journal of Adolescent Health 14, no. 6 (September 1993): 468~474.

16   Moa Elf Karlen and Johanna Palmstrom, Ta betalt!: en feministisk overlevnadsguide[Get Paid!: A Feminist Survival Guide] (Stockholm: Raben & Sjogren, 2004), 10~12.

17   The Swedish Agency for Youth and Civil Society, Unga Med Attityd 2013 [Young with Attitude 2013] (Stockhom: The Swedish Agency for Youth and Civil Society, 2013), 78.

18   National Center for Health Statistics, "Key Statistics from the National Survey of Family Growth," Centers for Disease Control and Prevention, June 23, 2017, www.cdc.gov/nchs/nsfg/key_statistics/d.htm.

19   Elisabet Haggstrom-Nordin, Ulf Hanson, Tanja Tyden, "Associations between Pornography Consumption and Sexual Practices among Adolescents in Sweden," International Journal of STI and AIDS 16, no. 2 (February 2005): 102~107.

20   Hite, The Hite Report on Male Sexuality (New York: Knopf, 1981), 1097~1099.

21  Baromètre santé 2016, Santé publique France.

22  Sven- Axel Mansson, Ronny Tikkanen, Kristian Daneback, and Lotta Lofgren-Martenson, Karlek och sexualitet pa internet [Youth and Sex on the Internet] (Gothenburg and Malmo: Gothenburg University and Malmo University, 2003), 41.

23  National Alliance on Mental Illness, "How Do Mental Health Conditions Affect The LGBTQ Community?" accessed April 19, 2019, https:// www. nami.org/ Find- Support/ LGBTQ.

24  Elisabet Haggstrom- Nordin, Ulf Hanson, Tanja Tyden, "Associations between Pornography Consumption and Sexual Practices among Adolescents in Sweden," International Journal of STI and AIDS 16, no. 2 (February 2005): 102~107.

25  Bo Lewin, Sex i Sverige : om sexuallivet i Sverige 1996 [Sex in Sweden: On Sex Life in Sweden in 1996] (Stockholm: Folkhalsoinstitutet, 1998).

26  Hite, The Hite Report on Male Sexuality (New York: Knopf, 1981), 1102.

27  Elisabet Haggstrom- Nordin, Ulf Hanson, Tanja Tyden, "Associations between Pornography Consumption and Sexual Practices among Adolescents in Sweden," InternationalJournal of STI and AIDS 16, no. 2 (February 2005): 102~107.

28  Linda Jonsson, "Online Sexual Behaviors among Swedish Youth," uropean Child & Adolescent Psychiatry 24, no.10 (October 2015): 1245~1260.

29  Dickpics, directed by Ellinor Johansson, Josephine Jonang, and Evelina Vennberg(Trollhattan: Folkuniversitets gymnasium, 2017), film.

30  Carl Goran Svedin et al., Unga sex och Internet – i en foranderlig varld [Young Sex and the Internet – In a Changing World] (Linkoping: Linkoping University Electronic Press, 2015), 17.

31  Elisabet Haggstrom- Nordin, Ulf Hanson, Tanja Tyden, "Associations between Pornography Consumption and Sexual Practices among

Adolescents in Sweden," InternationalJournal of STI and AIDS 16, no. 2 (February 2005): 102~107.

32   Enquete 'Violence et rapports de genre', INED, 2016.

33   Karin Edgardh,"Adolescent Sexual Health in Sweden," Sexually Transmitted Infections 78, no.5 (October 2002): 353.

34   Charlotte Ellertson et al., "Emergency Contraception: A Review of the Programmatic and Social Science Literature Contraception," Contraception 61, no. 3 (March 2000): 145~186.

# 일단, 성교육을 합니다

**1판 1쇄 발행** 2020년 8월 24일
**1판 3쇄 발행** 2021년 12월 10일

**지은이** 인티 차베즈 페레즈 │ **옮긴이** 이세진 │ **감수** 노하연
**펴낸곳** (주)문예출판사 │ **펴낸이** 전준배

**책임편집** 김보람 │ **기획편집** 전민지 김보람 │ **디자인** 이수빈 │ **일러스트** 금요일
**영업·마케팅** 김영수 │ **경영관리** 강단아 김영순

**출판등록** 2004. 02. 12. 제 2013-000360호 (1966. 12. 2. 제 1-134호)
**주소** 03992 서울시 마포구 월드컵북로 6길 30
**전화** 393-5681 │ **팩스** 393-5685
**홈페이지** www.moonye.com │ **블로그** blog.naver.com/imoonye
**페이스북** www.facebook.com/moonyepublishing │ **이메일** info@moonye.com

ISBN 978-89-310-2126-4 03330

• 잘못 만든 책은 구입하신 서점에서 바꿔드립니다.

ꊠ **문예출판사®** 상표등록 제 40-0833187호, 제 41-0200044호